AF248439

# DE L'ÉLIGIBILITE

# A TRENTE ANS.

# DE L'ELIGIBILITÉ

# A TRENTE ANS.

## CHAPITRE I<sup>ER</sup>.

### CONSIDÉRATIONS GÉNÉRALES.

Sɪ les progrès qu'ont faits les connaissances humaines depuis un demi-siècle ne mettaient l'époque actuelle au-dessus de toute comparaison, il serait curieux de recher-cher, dans les assemblées délibérantes, depuis le commen-cement du monde, quelle influence y ont exercée les différens âges de la vie ; combien de temps ont duré les institutions qui paraissaient le plus consolidées ; comment et par qui elles ont été sapées, et enfin de déterminer les périodes d'années pendant lesquelles le même peuple a été gouverné par les mêmes lois. Ces recherches seraient le livre où devraient lire sans cesse les hommes qui croient que l'immobilité est une vertu politique ; qui s'effraient parce qu'une nation, réveillée du long sommeil où la te-naient plongée l'ignorance et le fanatisme, veut connaître et faire valoir ses droits, exige que le gouvernement agisse pour elle et par elle, et prétende s'immiscer dans le con-seil où se traitent ses intérêts et ses destinées. Ces hommes, réveillés aussi, mais d'un sommeil qu'ils ne retrouveront plus si doux, mettant leurs prétentions au-dessus des be-soins de tous, et ne voyant qu'eux seuls dans la nation, accusent l'instruction qui a dessillé les yeux de la multi-tude ; la nation entière, parce qu'elle a usé de ses moyens, et la jeunesse surtout, parce qu'elle a provoqué, dirigé cette investigation et cette révolte de l'esprit humain. Accoutumés à régler le sort des peuples suivant leurs caprices, ils n'ont pas su comprendre que *les gouvernemens, quels que soient leur titre et l'origine de leur pouvoir, ne peuvent subsister qu'en s'effaçant personnellement devant la volonté générale* (1) ; ils se sont ainsi trouvés en dehors des masses. Mais, chose étrange ! telle est la puissance de l'habitude et l'affaiblissement des facultés intellectuelles par la tyrannie, des peuples entiers sont encore aujourd'hui, malgré l'exemple de leurs voisins, sous l'influence accablante de ces mêmes hommes !

Ce n'est pas seulement de nos jours que les peuples ont essayé de rentrer dans le gouvernement. Cette idée est trop simple et trop naturelle ; chaque page de notre histoire nous indique qu'elle n'a jamais cessé d'occuper les esprits, et si les efforts de nos aïeux ont été souvent infructueux, les tentatives prouvaient du moins qu'ils sentaient le besoin et la justice d'une pareille coopération. Mais l'ignorance dans laquelle ils étaient plongés, la difficulté des communications, et par suite le peu d'unité dans les vues et la variété des projets ; le danger de lever seuls un étendard que bientôt le glaive royal abattait avec le secours de vassaux aussi mécontens, mais moins hardis ; l'espèce de participation des Grands à l'autorité souveraine (2), surtout dans les commencemens de la monarchie, où le prince n'était que le premier magistrat, tout s'opposait à l'affranchissement des sujets ; et malgré quelques privilèges de communes concédés à prix d'argent vers 1108 par Louis-le-Gros, la France est demeurée long-temps encore ignorante et soumise. Il n'en était pas de même en Angleterre : la puissance absolue des premiers rois avait réuni les seigneurs et les sujets dans une même résistance aux actes de la tyrannie royale ; aussi dès 1215, ils avaient obtenu du roi Jean leur grande Charte (3), et la chambre des communes date de 1295, sous le règne d'Edouard.

(1) Le général Foy, *Guerre de la Péninsule.*

(2) Elle dut bientôt se servir contre les grands du secours des peuples qu'elle entraînait par l'offre de quelque liberté. ( *Hist. de France.* )

(3) Le pape Innocent III annula cette charte : les Anglais refusèrent

Si notre esprit public se formait plus lentement que chez nos rivaux, de temps en temps apparaissaient, comme des lueurs d'espérance, de nouveaux essais pour se soustraire à quelque tyrannie ou conquérir quelque droit ; comme si prévoyant qu'un jour elle devait être réhabilitée dans toutes ses libertés, la France voulait rappeler à ses maîtres et au monde qu'elle ne perdait pas cet espoir de vue, et que son impuissance n'était ni un oubli ni un abandon.

Le souvenir des libertés que les Français apportèrent dans les Gaules, commença à se perdre sous les successeurs de Clovis. Après la conquête, les Francs, encore barbares, étaient trop ignorans et trop heureux pour se douter qu'il leur fallait des garanties de ces précieux droits contre des chefs dont ils se croyaient les égaux (1), et l'amour de la liberté ne fut plus leur première passion. Ils ne songèrent qu'à acquérir ou conserver des richesses, au point que négligeant même de se rendre aux assemblées du champ de mars, on cessa de les tenir régulièrement, et bientôt de les convoquer. Alors l'autorité fut entière entre les mains du prince et de quelques Grands ou Leudes, qui, facilement gagnés par les bienfaits et séduits par l'espoir d'en obtenir de nouveaux, ne demandèrent qu'à être esclaves, lorsqu'ils virent les dispensateurs de toutes les graces aspirer à devenir absolus.

Une effroyable anarchie fut la conséquence de ce coupable abandon des assemblées du champ de mars, et bientôt les Français et les Gaulois, confondus sous les mêmes vexations, furent obligés d'en subir chaque jour de nouvelles, suivant le caprice des Grands auxquels ils étaient soumis. Les assemblées du champ de mars n'existaient plus : le peuple n'avait pas compris que là seulement étaient ses privilèges et ses droits, tandis que l'instinct de la tyrannie apprit aux Grands tout le parti qu'ils pouvaient tirer d'une pareille faute, fruit sans doute de leur adresse ; ils allaient régner, puisque les forces de la résistance étaient divisées. L'indifférence avait fait perdre le droit

de reconnaître cette étrange usurpation de pouvoir. (Ségur, *Hist. de France.*)

(1) *Unà cum nostris optimatibus... fidelibus pertractavimus, etc.,* disaient les rois mérovingiens dans leurs ordres ou leurs diplômes. (Dom Bouquet.)

et les moyens de les réunir : le redoutable faisceau était délié ; pour le réformer, vingt siècles et tous les efforts de l'esprit humain devaient à peine suffire !

Aussi les Grands appelèrent-ils rebelles et comprimèrent-ils bientôt ceux dont le courage et le souvenir frémissaient d'un injuste asservissement, et à qui il ne manquait que ce point d'appui, si aveuglément abandonné, pour reconquérir leur indépendance, faire avancer peut-être de plusieurs siècles la civilisation de la monarchie, affermir la couroune sur la tête des Mérovingiens, et préserver la France des incalculables malheurs de l'anarchie, de la lutte des Grands, de l'absence de la justice et de la barbarie de tous.

La suppression des assemblées du champ de mars fut donc une calamité pour la couronne et les sujets. Le peuple disparut d'une scène occupée par le prince et les Grands, et toujours ensanglantée par leurs discordes ; il n'était plus que le moyen, que l'instrument dont ils se servaient pour se déchirer, il changeait de maîtres aussi souvent que la victoire de favoris ; il ne prenait nul intérêt à la chose publique, et obéissait, puisqu'il était trop faible pour se révolter. Peu lui importait que des rois dont le sceptre, comme le dit naïvement un historien, n'avait pas même l'utilité de la houlette d'un pasteur, le gouvernassent, ou qu'un maire du palais usurpât l'autorité souveraine ; il ne pouvait qu'en appeler, dans le silence de la résignation, au temps, et au besoin que ses maîtres eurent bientôt de son appui.

En montant sur un trône encore chancelant, Charlemagne comprit que les lois seraient aussi utiles à la conservation de sa puissance, qu'au bonheur de ses peuples. C'était le seul moyen de réduire au repos ces vassaux turbulens, qui ne reconnaissaient d'autre droit que celui de leurs *framées*, et qui souvent menaçaient l'autorité royale elle-même : Charlemagne avait d'ailleurs l'exemple de Pépin d'Héristal ! Pour ne pas être l'esclave ou la victime des seigneurs qui l'entouraient, ce grand homme sentît tout le besoin qu'il avait de gagner l'affection de ses sujets : les avances d'un roi sont la justice et le maintien des droits acquis. Aussi rappela-t-il dans le champ de mars (1) le

______

(1) En 819. « Il est beau, dit Condillac, de voir un prince, revêtu

peuple qui en était exclus depuis long-temps. Il reconnut que le pouvoir législatif résidait dans le corps de la nation (1), fit avec ces assemblées des lois sages, exprimant la volonté de tous, publiées sous le nom du prince (2), s'y soumit, et dès lors eut le droit d'exiger que tout le monde obéît comme lui.

Nous verrons souvent les rois dédaigner les assemblées de la nation lorsqu'ils n'ont rien à redouter, et se hâter de les convoquer dès qu'est menacée cette puissance dont le péril seul rappelle l'origine. La prospérité aveugle aussi les rois ! En vain les mêmes malheurs donnent les mêmes leçons : elles sont oubliées dès que les besoins sont satisfaits ou que le danger est passé. Il a fallu dix siècles pour que, lassée d'une longanimité qui ne tournait jamais à son avantage, la France reprît elle-même, mais par une épouvantable secousse, les droits qu'on lui promit et qu'on lui refusa tant de fois.

Le règne de Charlemagne, quoique de quarante-sept années, ne fut qu'un éclair pour la civilisation de la France. Ses lois ne durèrent après lui que par la force d'impulsion qu'il avait su leur donner, semblables à ces machines qui agissent encore par la vitesse acquise, quoique le moteur n'ait plus d'effet. Bientôt les Français, lancés de nouveau dans les guerres civiles, privés des assemblées du champ de mai où ils auraient pu les éteindre, se trouvèrent, sous les fils de Charlemagne, dans la même situation où leurs pères avaient été après le règne de Clotaire II. Une anarchie nouvelle, monstrueuse, plus terrible, parce qu'elle était plus compliquée et soutenue par des fantômes de lois que les seigneurs expliquaient suivant leurs intérêts ou leurs caprices, succéda au règne le plus glorieux encore de l'histoire de France, et la puissance fut enlevée aux Carlovingiens, dont la couronne décorait en vain la faiblesse : nouvel et inutile exemple

« de la souveraine puissance, se prescrire des bornes à lui-même et
« respecter les libertés publiques au point de ne pas vouloir gêner la
« délibération par sa présence. »

(1) Voy. les Capitulaires : *Cùm omnium consensu.... : Capitularia....
quæ Franci pro lege tenenda judicaverunt, etc.*, etc. Il y a dans ces lois une foule d'expressions qui étonneraient bien des gens.

(2) Mably.

du peu de solidité de l'autorité royale lorsqu'elle ne repose ni sur la justice , ni sur l'amour des peuples.

C'est ainsi que les constitutions de la France changeant suivant le caprice des maîtres qui la gouvernaient et non d'après les besoins progressifs des peuples , cette instabilité des lois détruisit les principes fondamentaux de l'ordre social , et deux dynasties s'élevèrent et disparurent en moins de cinq siècles.

La troisième , fondée en 987 par Hugues Capet , laissa de plus en plus engloutir les lois et les libertés publiques dans le goufre de la féodalité. Les Grands et le clergé se réunissent encore, il est vrai ; mais à ces *parlemens* jamais le peuple n'est convoqué , jamais une voix ne s'élève en sa faveur ; et si l'émancipation nationale se fait dès lors apercevoir à l'observateur éclairé , ce n'est que comme ce point lumineux que le marin croit entrevoir au loin et que l'orage fait bientôt disparaître. L'autorité royale employa tous ses efforts pour surgir au-dessus de ces puissances rivales que la faiblesse de Louis-le-Débonnaire avait laissé s'établir , et dont le niveau l'effrayait justement. Cette lutte , dans laquelle le peuple n'était encore que victime , dura, avec des succès balancés , jusqu'à ce que Philippe-Auguste , vainqueur de Jean-sans-Terre et maître des états de ce prince (1) , fût à la tête de forces qui rendirent sa puissance irrévocablement supérieure à celle des grands vassaux. L'anarchie entrevit alors la limite de sa durée , le peuple l'espoir de n'avoir plus qu'un maître , et la politique des rois , d'accord enfin avec leurs intérêts, aperçut et se donna un appui contre l'ambition des Grands et des prêtres dans la concession aux communes, comme privilèges et à prix d'argent, de droits que la nature donne à tous les hommes. Ces concessions, quel qu'en fût le motif , furent reçues comme un bienfait , « de sorte « que les Français reconnaissans , dit M. de Ségur , com-« mencèrent à regarder le trône comme leur soutien et « leur refuge. »

Depuis le règne de Louis IX , l'émancipation nationale , sans faire de rapides progrès , avançait appuyée sur des idées plus saines, sur des lois moins barbares, sur des coutumes

(1) 1204.

d'une égalité entre les Grands et les simples chevaliers, qui peu à peu tendait à descendre plus bas. Les croisades apprirent aux nobles le besoin qu'ils avaient du peuple , et au peuple le parti qu'il pouvait tirer de la fanatique erreur de ces désastreuses entreprises et de l'abandon du droit de juger , pour lequel il fallait une application et une étude indignes du courage de guerriers. Cette absence des seigneurs fit deviner que la masse qui était demeurée composait la nation française, et que s'ils étaient la portion la plus puissante, les nobles croisés n'en formaient que la plus petite et la moins éclairée. Aussi le conseil et le parlement de Louis IX (1) furent en grande partie composés d'hommes instruits , mais privés des avantage de la naissance ; faute grave des barons, dit M. de Montlosier , d'avoir supporté une innovation dont ils ne prévirent pas toutes les suites; et, en effet, ajoute M. de Ségur , ainsi commença insensiblement une grande révolution favorable au peuple autant qu'elle était contraire au système féodal.

Nous avons vu les Francs perdre leurs libertés par l'amour du repos et des richesses , et par leur négligence à se rendre aux assemblées du champ de mars; nous verrons la féodalité se laisser détruire par les mêmes fautes. Les barons , préférant demeurer souverains dans leurs châteaux que paraître sujets à la cour du monarque, furent alors jugés par d'autres que par leurs pairs , et dépouillés de la plus importante de leurs antiques prérogatives, dont la destruction amena insensiblement celle de toutes les autres. C'est ainsi que tout chemin qui n'est pas éclairé par le flambeau de la raison conduit aux mêmes écueils.

Notre but n'est pas de rappeler par quelles voies tyranniques ou détournées la puissance royale subjugua entièrement les vassaux, détruisit leurs privilèges et étendit son sceptre sur toute la France avec une juridiction égale : le roi, devenant absolu, dégageait le peuple de ses plus lourdes entraves; le despotisme était un bienfait. Nous n'avons suivi cet accroissement d'autorité que pour voir la liberté presque anéantie par la négligence des Francs, et obligée de se défendre contre les usurpations des sei-

_______

(1) Ségur , *Hist. de France.*

gneurs, profiter à son tour, des discordes entre le trône et les vassaux, devenus sujets, pour nous rendre son culte, et montrer aux peuples la divinité qui leur apporte la civilisation ; elle en est la fille et la mère. Philippe-le-Bel, quoiqu'elle méritât un plus digne pontife, lui offre un hommage qui a tout le mérite de la nouveauté (1) ; il ose convoquer l'assemblée de la France entière (2) ; il a l'audace de rouvrir les barrières du champ de mars (3). Le clergé, que nous verrons long-temps encore vouloir marcher le premier, et s'opposer, comme à un sacrilège, à la taxe sur ses biens (4) ; les nobles, qui ne forment plus qu'un ordre dans la nation ; le peuple, qui est enfin compté pour quelque chose, sont appelés à délibérer ensemble, et la France, ressaisie de ses droits, peut offrir à la liberté un asile hospitalier : *les Etats-Généraux* le rendront inviolable.

« Ce fut en présence de cette assemblée que le roi fit « brûler la bulle du pape Boniface VIII, comme aussi ou- « trageante pour la religion que pour l'autorité royale. « Ainsi, du choc des armes d'un monarque absolu et d'un « pape arbitraire jaillirent les premières étincelles de notre « raison publique, et les premières lueurs de nos libertés « nationales (5) ».

Ces assemblées n'étaient pas régulières, à la vérité ; ce n'était, ainsi que l'observe un Anglais judicieux (6), ni ces champs de mars, où tous les Francs avaient le droit de se rendre, ni les parlemens des maires du palais, composés seulement des Leudes et des prélats : c'étaient des assemblées sans lois, sans réglemens, auxquelles on demandait toujours des subsides, et tantôt des conseils, tantôt une espèce de jugement d'une grande cause dont la France devait être solidaire, comme, par exemple, de la bulle si étrange de Boniface à Philippe-le-Bel (7). Mais enfin le peuple était

(1) *En vertu de la plénitude de notre puissance et autorité royale.* (*Art de vérifier les dates*, page 551.)

(2) C'est un surintendant des finances, Enguerrand de Marigny, qui donna ce hardi conseil, et nous dota ainsi de nos libertés nationales. Plus tard, un autre surintendant des finances obtint le doublement de de la représentation du tiers-état.

(3) 1302.

(4) Greg. Tur., liv. 4, chap. 2.

(5) Ségur, *Hist. de France.*

(6) Hallam.

(7) 15 juin 1303, au Louvre. — 13 avril 1301, suivant Mézerai.

convoqué : c'était une émancipation , un pas solennel vers des idées qui commençaient à luire. Il ne faut se montrer rigoureux ni sur la forme , ni sur le résultat de ces assemblées ; elles ont avec la vieille liberté des Francs un air de parenté qui doit suffire, et elles renferment un plus long avenir. Semblable à ces irrigations qui, pour n'être pas faites suivant toutes les règles de l'art, n'en apportent pas moins la fertilité dans les prairies qu'elles arrosent, cette liberté renaissante introduira partout les germes de la civilisation.

Mais elle sera souvent encore déviée par les querelles entre les rois, la noblesse et le peuple. Nous entrons dans un temps où ces trois pouvoirs commencent à s'observer, à se craindre, à s'attaquer ; l'équilibre stable ne s'établira entre eux qu'après une lutte longue et opiniâtre. La noblesse, mécontente des rois qui tendaient à l'abaisser et à l'assujettir, et impatiente du joug qu'ils voulaient lui imposer, déplorait en secret la perte de ses anciens privilèges. Les peuples, incapables de distinguer la liberté de la licence, étaient encore trop ignorans pour ne pas tout vouloir envahir, et ils s'armaient contre les rois, de cette même liberté qu'ils ne tenaient que de la puissance souveraine. Celle-ci, en butte à des guerres désastreuses, employait tous ses moyens pour résister à l'Angleterre, et accablait d'impôts et de levées des sujets qui croyaient alors n'avoir rien gagné à le devenir. Tant il est vrai que les commencemens de la liberté sont les plus difficiles à comprendre et à supporter ! Ce n'était que le point de départ ; les lumières étaient encore ensevelies sous trop de préjugés et de coutumes ; cette enfance aussi devait être exposée à toutes les chances de la faiblesse avant d'atteindre les forces de l'âge viril.

Les historiens ne nous ont pas laissé de détails sur la tenue des premiers Etats-Généraux ; aucun monument ne nous instruit de ce qui s'y passa en 1339, sous Philippe de Valois, ni même en 1350, sous le roi Jean ; seulement ils ne furent pas dociles aux volontés royales, puisque, malgré le besoin d'argent et les fautes que cette pénurie lui fit commettre en altérant les monnaies, Jean n'en osa plus convoquer ; ce qui nous prouve que l'esprit public, déjà se développant, savait que la puissance des rois a des bornes et la nation des droits. Cette première lueur de la science publique va croître rapidement. Chaque fois que la nécessité, plus puissante que la frayeur, obligera les rois à s'appuyer sur les réunions nationales, ce sera pour reconnaître, en retour de sacrifices momentanés, quelques principes qui germeront et produiront de nouvelles demandes, de nouvelles concessions, de nouvelles libertés. C'est ainsi que s'établit l'équilibre entre l'esprit public et l'esprit du gouvernement. Si les envahissemens des Etats-Généraux sont souvent regardés comme séditieux par quelques écrivains, c'est qu'ils n'apercevaient pas le ressort caché pour cinq siècles encore, qui les faisait agir; il eût fallu deviner le gouvernement représentatif.

La guerre contre Edouard avait épuisé les ressources éphémères produites par l'altération des monnaies, et par quelques impôts levés avec peine; le trésor était vide; c'était le cas d'échanger des libertés pour des subsides. Pressé par les forces anglaises, sans soldats pour défendre son royaume, et sans argent pour en lever, Jean fait taire de despotiques souvenirs, qui lui montrent les privilèges de ses sujets comme des abus, et la sanction de ces franchises comme un monument de leur insolence et de sa faiblesse. Mais ne pouvant vaincre entièrement sa répugnance à se trouver en face de la nation réunie, il compose avec ses terreurs et ses besoins, et convoque les états de la Langue-d'Oc à Toulouse, et ceux de la Langue-d'Oyl à Paris, où le chancelier de France en fait l'ouverture (1).

Cinq ans ont apporté des changemens dans les esprits, nul jour n'est désormais perdu pour la civilisation. Le fanal a été placé, la raison publique a pris son essor. Les mandataires de la France n'arrivent plus comme des vassaux tremblans à l'aspect de leur maître, mais comme des sujets fiers d'une position qu'ils comprennent, dévoués au prince, prêts à soutenir sa puissance par leur secours, son courage par leur dévouement, et aussi décidés au maintien de ses droits qu'à la conservation de leurs privilèges. D'abord le joug étranger les indigne; des hommes et de l'argent sont prodigués au roi; mais cet enthousiasme est bientôt tempéré par une prudence qui décèle

(1) Pierre de la Forêt, *Arch. de Rouen*, novembre 1355.

l'inquiétude que l'étranger seul ne soit pas le but de ces sacrifices. Des commissaires sont nommés pour surveiller la levée et l'emploi du subside ; on les entoure d'un pouvoir d'autant plus grand en apparence, que la méfiance est plus générale; le roi s'engage à les consulter pour la paix, même pour une trève (1), et les Etats-Généraux, après avoir imprudemment attaqué plusieurs abus qu'il ne fallait signaler que peu à peu, tant il y avait de personnes intéressées à les maintenir, laissent leur édifice imparfait, parce qu'ils n'ont pas assez de lumières pour le mieux coordonner, et s'ajournent à un an.

La nouvelle assemblée change l'impôt en une capitation (2) qui frappe la noblesse comme le peuple, le clergé comme les princes du sang ; puis elle commet les mêmes fautes que la précédente, ne prend aucune mesure sage pour une prochaine réunion, et laisse les commissaires, sans pouvoir réel, à la merci d'une cour qui les a bientôt intimidés et séduits. Le royaume, livré à la cupidité et à la vengeance des courtisans que les premiers Etats-Généraux ont si aveuglement accusés, est menacé du soulèvement des peuples qu'on opprime, et qui, connaissant leurs nouveaux droits, s'apprêtent à les soutenir les armes à la main. L'orage gronde de toutes parts, et l'armée française perd la bataille de Poitiers !!! (3)

Le sort de la monarchie venait d'être compromis. Une immense victoire appuyait les prétentions du roi d'Angleterre au trône de Philippe-Auguste. Le fils d'Edouard, conduisait prisonnière à Londres la fortune de la France. Charles-le-Mauvais, de sa prison, méditait de nouveaux attentats ; fils de la France, il la voulait démembrer. Paris était sur un volcan ; Etienne Marcel soulevait la populace, qui dans les calamités comme dans les joies publiques, se précipite ardente au désordre : les provinces étaient exaspérées ; Poitiers rappelait Crécy...... Contre tous ces

_______________

(1) *Nous ne donnerons ni treves ni abstinences, si nous n'en sommes bien conseillierz et par plusieurs personnes des trois estatz.* ( Ord. du 28 décembre 1355, art. 30. )

(2) 3ᵉ vol. des Ord. du Louvre.

(3) *Là était la fleur de France, ne nul chevalier ne escuyer n'osoit demeurer à l'hôtel, s'il ne vouloit etre déshonoré.* ( Froissart, tom. I.)

maux , une armée vaincue, des trésors vides , et un prince de dix-neuf ans !

Le Dauphin ne désespère pas , malgré le peu de courage qu'il avait montré le jour du combat (1). L'infortune en fait un héros et *un Sage*. Des champs de Maupertuis, il vole à Paris , convoque les Etats-Généraux, presse, excite l'arrivée des mandataires auxquels il veut confier ses royales douleurs : le 17 octobre 1356 voit ouvrir cette nouvelle assemblée. Mais le jeune prince ignore que les revers et le malheur trouvent les cœurs de glace , et qu'ils ne s'échauffent que pour les succès. Novice encore à la froide politique , il n'a jugé les Français que d'après son cœur ; le leur est blessé, moins de la captivité du roi Jean , que de sa prodigalité , de ses exactions, de sa faiblesse : les états de 1356 sont trop voisins des états de 1355 , dont les chefs ont été poursuivis , persécutés, assassinés (2). Les courtisans sont sans doute les coupables ; mais c'est l'autorité souveraine qui a méconnu la foi jurée , et le Dauphin doit payer pour les ministres du roi Jean. C'est avec ces dispositions hostiles que les Etats s'assemblent : l'ennemi pour eux le plus menaçant n'est pas le vainqueur de Poitiers. Ils sont plus pressés de poser des bornes à l'autorité royale , qu'à repousser l'invasion étrangère ; ils discutent au lieu de combattre. C'est ainsi que le défaut de lumières aveugle le patriotisme , et produit un effet opposé au bien général : un jour des passions insensées amèneront un résultat plus funeste encore !!!.... Le Dauphin voit ses ministres exclus des délibérations des Etats, son autorité méconnue , entravée , menacée ; des conditions injustes, outrageantes , pour un pouvoir qu'il croit toujours absolu , insolemment proposées, et la rançon de son père mise au prix d'une honteuse condescendance !

Sans doute que dans un temps heureux et tranquille, la conduite des Etats eût été convenable ; il faut établir de sages précautions contre le retour d'abus , contre la violation de droits sacrés , de promesses solennelles (3).

(1) .... La bataille, où il avait manqué à ce qu'il devait à son père , à son roi et à sa patrie. ( Villaret, *Histoire de France*. )

(2) Ils obtinrent d'être escortés. ( Mably. )

(3) Voyez les ord. rendues après les états de 1355, 3<sup>e</sup> vol.

Un prince assez fier pour être révolté de ces mesures, ne se serait jamais mis dans le cas de les mériter. Mais si la justice et la bonne foi, bannies du reste du monde, doivent se retrouver dans la bouche et dans le cœur des rois (1), il leur faut une autre vertu, qui est la fermeté ; sans elle, les autres ne sont rien, si les ministres et les courtisans peuvent, au nom du souverain, commettre impunément des injustices et gouverner par la mauvaise foi. La dernière année du règne de Jean en fut un exemple. La bataille de Poitiers, au lieu de l'impression douloureuse qu'elle devait produire sur des Français, ne leur montra que l'humiliation d'une cour qui ne serait plus assez forte pour ressaisir le pouvoir absolu, tant l'amour de la liberté devenait leur première idée, leur plus puissante affection ! Mais cet amour était encore aveugle ; ce n'est jamais au bruit des armes de l'étranger que les peuples et les rois peuvent s'entendre ; la liberté repousserait une pareille date. Il faut le calme de la paix, et les Etats-Généraux voulaient d'abord combattre le Dauphin.

Huit jours après leur installation, les huit cents députés en choisirent cinquante d'entre eux pour discuter sur les intérêts publics. Bientôt invité par elle, le Dauphin se rendit au sein de cette *commission*, qui lui déclara : « Qu'il fallait, avant tout, remédier à la mauvaise admi-« nistration, cause de tous les malheurs du royaume ; que « les ministres et les conseillers étaient coupables ; qu'il « fallait priver de leurs dignités et destituer vingt-deux « officiers prévaricateurs, qu'ils nommaient, les faire ar-« rêter, confisquer leurs biens ; qu'il était à propos que « l'on choisît parmi ceux qui composaient les Etats, des « réformateurs antorisés par des commissions expresses « à réprimer les malversations des officiers ; que le Dau-« phin se formât un conseil composé de quatre prélats, de « douze chevaliers et d'un pareil nombre du tiers-état ; que « rien ne se décidât sans ces vingt-huit conseillers, et que « la monnaie fût rétablie suivant l'ordonnance qui serait « réglée par les Etats ; que moyennant l'exécution de ces « demandes, les Etats entretiendraient trente mille hommes « d'armes, et paieraient les subsides nécessaires en fai-

(1) Maxime favorite de Jean II.

« sant contribuer les biens des ecclésiastiques et des
« nobles , et qu'enfin l'assemblée fût prorogée jusqu'à
« Pâques (1). »

Ces demandes sévères auraient été justes , si le prince
avait été victorieux ; elles n'étaient plus que factieuses dès
qu'elles établissaient une scission dans l'Etat au moment
où il fallait se réunir pour le sauver (2).

Le Dauphin cassa les Etats-Généraux , tenta divers
moyens d'avoir des subsides , et ne réussit pas. Il fallut se
résoudre à convoquer de nouveau , le 5 février 1357 , les
députés qui, profitant de cet aveu de l'impuissance du gouvernement , ajoutèrent à l'exigence de leur demande , et
enfin s'arrogèrent le droit de se rassembler à leur volonté.
Ce fut dans ces Etats que l'autorité du prince, si combattue
et si chancelante , reçut les derniers coups (3).

Mais ces Etats-Généraux ne comprirent pas que l'autorité
usurpée n'a qu'une existence éphémère. Le despotisme
est un état violent qui ne peut durer, et l'anarchie est le
despotisme des peuples. Elle écrasa l'autorité royale au
lieu de la guider par de sages conseils : c'était une faute
énorme qui devait bientôt donner au prince le moyen de
ressaisir son pouvoir et de le rendre plus absolu ; il ne lui
fallait qu'une occasion. Les malheurs de la France, le
bouleversement de Paris, la lassitude des citoyens la lui
fournirent bientôt. Aussi le Dauphin assemble les Etats-Généraux le 25 mai 1359, leur déclare que ceux de 1357
n'étaient composés que de factieux et de traîtres (4), poursuit et fait condamner quelques-uns des chefs, rappelle
auprès de lui les officiers dont ils avaient exigé le renvoi ,
et restitue une autorité plus grande qu'il ne l'avait
reçue (5), à son père, que nous ramena le funeste et honteux traité de Brétigny.

A travers tous ces malheurs, ces déchiremens, ces al-

(1) 3ᵉ vol. des Ordonn. Préface de Secousse.

(2) Jomini, *Vie de Napoléon.*

(3) *Hist. de France,*

(4) .... Et encore appert clerement et notoirement que aucuns d'euls
comme traitres et conspirateurs en contre la majesté de Monsieur et
de nous et de l'onneur et bien de la couronne et royaume de France en
ont été depuis justiciers et mors vilainement. (3ᵉ vol. des Ord., page 345.)

(5) Ord. du 5 décembre 1360.

ternatives de puissance et de faiblesse, on peut encore suivre la marche de l'esprit public. Sans doute que la forme et le moment des propositions des états au dauphin étaient peu en harmonie avec les idées générales du temps; mais si des factieux s'en étaient emparés, s'ils en faisaient l'étendard de leur révolte, ils ne les avaient pas trouvées eux-mêmes. Il fallait être plus instruit que son siècle, et rarement les hommes studieux sont des conspirateurs. Livrés à l'étude et à la méditation, quelques publicistes de cette époque jugeaient que le gouvernement devait subir des améliorations; ils les appréciaient, mais ne pouvaient pas deviner le moyen de les introduire sans secousse dans la machine de l'État, tandis que les factieux, sans être arrêtés par des difficultés qu'ils ne comprenaient pas, employaient la violence et la sédition pour arriver à un ordre de choses dont le premier mérite eût été de sévir contre eux.

Nous ne dirons rien des Etats-Généraux de 1367, 1369 et 1381 (1). Après les funestes événemens de ces époques, les gens sages avaient été effrayés des désordres produits pendant la captivité du roi Jean; leur ignorance les attribuait à ces assemblées. Le roi de Navarre, Etienne Marcel, Robert le Coq, y avaient excité les mécontens pour appuyer de coupables prétentions : cette résistance, quelle qu'en fût la cause, venait des Etats. La France redoutait de se voir encore entraînée dans de nouveaux malheurs; elle ressemblait au malade qui cherche dans le calme d'une longue convalescence à rétablir ses forces. La crise avait été longue; les peuples comme leurs mandataires, craignaient qu'un esprit d'opposition ne fût encore un sujet d'alarmes; ils préféraient obéir; discuter même leur semblait dangereux, tant le souvenir de malheurs rend les hommes dociles! C'est ainsi que pour n'avoir pas écouté les conseils d'une sage lenteur, les Etats-Généraux perdirent pour long-temps la place que les idées modernes les accusent de n'avoir pas toujours occupée.

Quelques années avant sa mort, Charles V condamna Edouard et le prince de Galles, dans un lit de justice, et confisqua le duché de Guienne. Mais c'est par les armes qu'il faut exécuter ces sentences. Le prince de Galles, le

_________

(1) Voyez le 6ᵉ vol. des Ord.

héros d'Angleterre, brave l'arrêt à l'ombre des lauriers de Poitiers, et Charles V, Charles VI, Edouard, son fils lui-même, Talbot et Duguesclin , descendront dans la tombe avant que ce procès soit décidé par la victoire.

Une minorité vient ajouter aux embarras de notre malheureuse patrie. Charles V laisse à son fils, âgé de douze ans , un trône attaqué par le duc de Bretagne , par le duc de Bourgogne , par les Flamands, par les Anglais ; une autorité qu'avilissent l'avidité du duc d'Anjou , les bassesses du duc de Berri ; ces princes n'ont que le talent de se nuire , de piller le trésor et de s'enrichir. Léon de Lusignan, roi d'Arménie, et Manuel Paléologue viennent implorer des secours ; Bajazet détruit à Nicopolis l'élite des guerriers français ; le roi perd la raison ; le timon de l'Etat retombe entre les mains de l'insatiable duc d'Anjou, de l'avare et prodigue duc de Berri. Les Maillotins se sou-lèvent ; les ducs d'Orléans et de Bourgogne sont assas-sinés ; Paris et les principales villes sont privées de leurs magistrats et de leurs droits municipaux , et consternées par des exécutions sans nombre ; la guerre est partout , partout un abîme de calamités dont l'histoire de France n'avait pas fourni d'exemple. Enfin le traité de Troyes , dicté à Azincourt, et souscrit par une mère dépravée, vient outrager la nature et violer la constitution de l'Etat (1). Le Dauphin, au fond du Poitou , déshérité, condamné (2) , abandonné ; fils sans parens , roi sans états, général sans armée , il voit sa couronne sur la tête d'un rival dont elle accroît la puissance (3) ; il ne s'abandonne pas lui-même, et en appelle à Dieu et à son épée.

Qui pourrait , au milieu de cette horrible confusion , distinguer la marche des lumières, et penser à des droits politiques lorsque toutes les mains sont chargées des fers de l'ennemi ? La France est réduite à la cour d'un roi cou-rageux mais faible , auquel une maîtresse et des favoris tiennent lieu d'empire. Il n'est pas étonnant que les peuples perdent la tradition de leurs coutumes et le souvenir des Etats-Généraux....

(1) Isabelle de Bavière, 21 mai 1420.

(2) Par le parlement de Paris, à cause de l'assassinat du duc de Bourgogne.

(3) Henri V couronné à Paris.

Enfin l'énergie nationale se réveille ; les Français égarés sont émus au spectacle des douleurs de la patrie, et la bannière de Bourgogne flotte à côté des lis. Une femme, qui ne veut pour amant que le plus grand roi, ranime un prince qui lui devra d'être *le victorieux* ; une autre femme, dont la mission trouve des crédules et fait des héros, conduit Charles VII à la cathédrale de Reims, et bientôt le léopard anglais repasse les mers pour jamais, et ne nous laisse que le souvenir de ses ravages, de sa fuite et de nos triomphes.

Mais le bonheur de la France n'est point partagé par son roi : couvert de gloire, adoré de ses sujets, les chagrins domestiques empoisonnent sa prospérité. Dans les premières années de sa vie, objet des fureurs d'une mère barbare, il ne lui manquait que d'être malheureux par son fils : le père de Louis XI règne trop long-temps ! ! !

Sous Charles VI et Charles VII, les princes, qui s'étaient constitués les dépositaires de l'autorité royale, ne souffrirent pas qu'elle fût soumise à l'examen des trois Ordres de l'Etat. Ils contribuèrent ainsi à leur tour à l'accroissement de la puissance du roi ; ne prévoyant pas que, dans un temps paisible, c'est contre eux que tournerait cette omnipotence. Sans le concours des Etats-Généraux, ils établirent une milice permanente sous le nom de gendarmerie et une taille perpétuelle (1). Maîtres de ces troupes sous le nom du roi, ils pouvaient tout réduire ; le produit de la taille leur permettait de tout corrompre : néanmoins ces deux moyens de despotisme, l'armée et les finances, se briseront encore contre les idées de liberté qui ont été étouffées par les guerres étrangères et les discordes civiles, mais non pas entièrement éteintes. Les Grands seront l'holocauste offert au peuple, quand la nécessité invoquera de nouveau son appui.

Une des causes qui contribuèrent à cette époque à réveiller et développer la civilisation en France fut la chute de Constantinople (2). Effrayés de la cruauté de Mahomet II, les habitans de la ville des Césars se dispersèrent ; quelques savans se répandirent en Italie et dans l'occident,

(1) Comines, liv. 6, chap. 7.
(2) 29 mai 1453.

emportant avec eux de précieux manuscrits et les préceptes de l'éloquence , née sous le beau ciel des Grecs, et que les Romains leur avaient empruntée en les subjuguant. Grégoire de Tiferne fut le premier qui , en 1453 , enseigna publiquement à Paris le grec et la rhétorique (1).

Louis XI , montant enfin sur le trône , voulut régner seul. Il écarta ces princes qui s'appropriaient chacun une portion de l'autorité souveraine , osa les combattre , et si Montléry n'éteignit pas dans des flots de sang ce nouvel incendie , du moins l'artificieux monarque sut mettre un terme à cette *guerre du bien public* par le traité de Conflans (2), contre lequel il avait auparavant signé une ignominieuse et inutile protestation. Ennemi des princes qu'il dépouillait , il dut s'appuyer de l'assentiment des peuples; c'est ainsi que de nouvelles discordes entre le souverain et les Grands ramenèrent encore les États-Généraux ; comme si leurs besoins rappelaient seuls aux rois que leur force n'existe que dans celle qu'ils reçoivent de leurs sujets. Louis XI convoqua les trois Ordres , et en fit l'ouverture le 6 avril 1467.

Dans cette première séance , *les nobles et gens envoyés de par les bonnes villes* furent confondus ; la politique de Louis XI et sa profonde dissimulation ne permettent pas d'attribuer cette confusion au hasard. « Ces Etats sont « remarquables , dit un illustre magistrat , en ce qu'ils « offrent le premier exemple de manœuvres employées « par le gouvernement pour corrompre les élections et « influencer les députés (3). »

Aussi fut-il unanimement arrêté , suivant le désir de Louis XI , qui s'était soumis au jugement de l'assemblée , que la Normandie ne pourrait jamais être séparée du domaine de la couronne. L'apanage du frère du roi, Charles, duc de Berri , demeura réglé d'après les ordonnances de Charles V. Le duc de Bretagne , soupçonné d'entretenir des intelligences avec les Anglais , fut sommé de restituer les places qu'il avait usurpées ; on choisit des commissaires pour la réformation de la justice , et enfin *les gens*

(1) *Hist. ecclésiastique.*
(2) Duclos, *Histoire de Louis XI*, 29 octobre 1465.
(3) M. Henrion de Pansey. *Voyez* Mably et Vély.

*d'église offrirent leurs prières, oraisons et biens de leur tem-*
*porel*, et la noblesse ainsi que le peuple *leurs corps et leurs*
*biens jusqu'à la mort inclusivement* au roi, s'il était obligé
de prendre les armes pour maintenir ces délibérations.

Louis XI était assuré sans doute de la servile obéissance
des Etats; mais, en soumettant à l'arbitrage de ses sujets
la cause même de la famille royale, il leur reconnaissait le
droit de se mêler des plus grandes affaires du royaume.
C'était encore un pas au-delà de la discussion et du vote
des subsides; cet antécédent ne sera ni oublié, ni perdu.
Il y a loin de cette assemblée, investie d'un jugement
entre le roi le plus despote, le plus jaloux de son autorité,
et son frère, à l'assemblée de 1145, sous Louis VII, et à
celle où, plus tard, saint Louis fit résoudre la guerre
contre le comte de la Marche, et dans laquelle les députés
du peuple, dit Villaret (1), n'avaient pas même voix déli-
bérative. Trois siècles ont été nécessaires pour arriver à
ce résultat si simple et si naturel, et néanmoins les lumières ont encore fait si peu de progrès que la même ordonnance citait, il y a peu d'années, la Bible et l'Art d'ai-
mer d'Ovide (2).

Louis XI meurt au Plessis-les-Tours; avec lui disparaissent les fillettes du roi (3), les gibets qui forment l'avenue
de ce château; Tristan et sa justice secrète et som-
maire (4)..... Charles VIII, à peine âgé de quatorze ans,
d'une constitution faible, ne sachant ni lire ni écrire,
arrive au trône sous les auspices d'une sœur qui se voit
obligée de défendre son pouvoir contre la reine, contre le
duc de Bourbon; et, au mépris des promesses les plus
solennelles, contre le duc d'Orléans (5).

Louis XI avait soumis aux Etats-Généraux le droit de
son frère au duché de Normandie pour apanage. Déjà la
couronne a donc reconnu cette auguste assemblée pour
arbitre; les prétentions des princes à la régence lui sont
déférées. Les Etats-Généraux jugeront cette question, en-

(1) Vol. IX, en 1241.
(2) Ord. de Charles V sur la majorité.
(3) Grosses chaînes avec un boulet. Il y en avait deux files dans la
cour. (Garnier.)
(4) Barante, *Hist. des ducs de Bourgogne.*
(5) Mézerai.

core indécise malgré l'ordonnance de Charles VI (1). Depuis Hugues Capet, six fois elle a divisé la famille royale,
et presque toujours ensanglanté la France (2).

Les Etats s'assemblent à Tours (3); une même salle renferme le roi, les princes et les trois ordres : là vraiment
est la France entière. Après le discours du chancelier, qui
occupe seul cette séance royale, les députés nomment un
président et deux secrétaires, se divisent en six *nations*
pour discuter avec moins de tumulte, et rentrent dans la
salle commune pour y entendre la lecture des travaux de
chaque nation, et prendre des résolutions générales.

Voilà une assemblée constituée avec une sagesse qui
nous sert encore de modèle ; ce n'est pas la seule leçon
qu'elle nous aura donnée.

, La question de la régence est d'abord agitée. Quelques
députés, sans avoir égard au discours du chancelier, soutiennent qu'aux princes seuls appartient le droit de décerner la régence ; ceux-là veulent attribuer à la couronne
plus de puissance qu'elle n'en croit avoir elle-même ; on
reconnaît le joug encore pesant de Louis XI, son ombre
épouvante et éloigne de la confiance aux paroles de justice
et de modération de son jeune successeur ; ces députés
sont plus royalistes que le roi. D'autres soutiennent que
puisqu'au peuple a appartenu le droit de choisir son chef,
le peuple, pendant la minorité, redevient dépositaire de
l'autorité souveraine, et seul juge des contestations par
rapport à la régence. Ce dernier avis est éloquemment défendu par Philippe Pot, seigneur de la Roche, dans un
discours que les historiens nous ont conservé. Mais les
Etats, intimidés par des princes toujours prêts à en appeler à la force des armes, n'osent pas donner une décision précise : après des discussions qui montrent les organes d'un esprit public qui se forme, aux prises avec les
soutiens d'idées déjà vieilles pour cette époque; après
d'adroites séductions du duc d'Orléans, que les Etats savent
repousser, ils décident que le roi présidera lui-même son

(1) 26 décembre 1407.

(2) Philippe I, Philippe-Auguste, Louis IX, Jean I, Charles VI et
Charles VIII.

(3) 1483.

conseil, dans lequel entreront les princes suivant leur rang, douze anciens conseillers et douze nouveaux, choisis par les députés eux-mêmes.

C'était éluder, il est vrai, une solution dont les résultats pouvaient replonger la France dans un abîme de calamités, mais c'était rendre un jugement, c'était constater un droit; une prudente liberté n'en pouvait exiger davantage.

Un autre droit, un droit qui devait un jour éveiller autant d'ennemis que les privilèges et l'injustice ont de partisans, celui que nous appelons *de-pétition*, fut aussi consacré dans cette assemblée d'une manière solennelle. Le seigneur de Croï réclame ses biens retenus malgré le traité d'Arras; Charles d'Armagnac, frère puîné du comte d'Armagnac, tué à Lectoure, sollicite la protection des Etats pour rentrer dans les siens; le duc de Lorraine, frustré par Louis XI de la succession de son aïeul, le roi René d'Anjou (1), dénonce la décision du conseil, et des enfans du sang royal même, les fils du malheureux duc de Nemours, réclament l'héritage de leur père que condamna le parlement transféré à Noyon. A ces diverses requêtes, les Etats répondent qu'ils s'en occuperont après les affaires générales, et nous savons que justice fut rendue. Le roi avait fait annoncer sa ferme résolution, et la présence de ses sujets, qui la réclamaient, dut lui donner assez de force pour surmonter les puissans obstacles qu'il devait trouver à la rendre en cette occasion.

Après la régence, les Etats eurent à s'occuper des subsides. Il faut voir avec quelle sagesse ils attaquent des abus qui devaient durer long-temps encore; avec quelle fermeté ils signalent les maux qu'attira sur la France la révocation de la pragmatique sanction par Louis XI, qui a ainsi livré son royaume, disent-ils, à l'avide industrie de la cour de Rome (2); il faut voir comment ils déplorent le cumul des places; comment il semble à leur droiture que nulle cause ne doit être évoquée au conseil; comment leurs délibérations prouvent qu'ils ont peu de confiance dans les députés qui sont officiers du ro, et comment leurs cahiers

(1) *Hist. du roi René*, par le vicomte de Villeneuve. Barjemont.
(2) Garnier, 19ᵉ vol., page 16.

disent, avec une sagesse, qui n'a pas encore été comprise, que ce n'est pas dans les mercenaires, mais dans l'amour des sujets pour leur roi, que repose le salut de l'Etat. Enfin proposant sans cesse le règne de Charles VII pour modèle, ils offrent de payer la même somme que du temps de ce prince, et instruits par l'exemple des Etats de 1356, ils mettent à ce *don* la condition qu'il n'est *accordé* que pour deux ans ; qu'à cette époque seront assemblés les Etats-Généraux, et que dès ce moment on fixera le temps et le lieu de cette future assemblée.

Mais si des résultats aussi sages nous montrent avec quelles lumières étaient déjà discutés les intérêts de la nation ; s'ils nous font voir qu'il ne fallait à la tête du gouvernement que quelques ministres instruits pour faire marcher à grands pas une civilisation qui paraissait si prête à le faire ; ces résultats n'étaient pas du goût de la cour de Charles VIII. En vain le duc d'Orléans, qui ne fit pas deviner Louis XII, et les princes de son parti, avaient-ils, les premiers jours, engagé les Etats à supprimer les pensions, offrant les leurs avec une générosité que les Etats-Généraux comprirent ; en vain le chancelier, tremblant pour sa place, avait-il annoncé la plus sévère économie. Le duc d'Orléans n'avait pas obtenu la régence ; les princes, ses partisans ou ses compétiteurs, étaient privés du partage de ce pouvoir ; l'amour désintéressé du peuple cédait à celui de l'argent, et toutes les pensions étaient défendues avec autant de ténacité qu'on avait d'abord mis d'abandon à les offrir. Les nombreuses démarches du chancelier vinrent se briser contre la résolution des Etats ; mais enfin les princes eux-mêmes s'en mêlèrent, et, comme il arrive souvent, les députés fermes ou incorruptibles furent en minorité. La cour obtint ses demandes, sous les conditions cependant que les députés surveilleraient la levée et l'emploi de l'impôt, qu'il ne serait *accordé que pour deux ans tant seulement et non plus*; qu'on déterminerait dès à présent le temps et le lieu de l'assemblée qu'ils demandaient pour ce terme, car *ils n'entendent pas que dorénavant on impose aucune somme, sans convoquer les États, et avoir obtenu leur consentement, conformément aux privilèges et aux libertés de ce royaume.*

C'est ainsi que se termina cette assemblée ; dans les

premiers jours, son impartiale fermeté avait mieux fait augurer de sa conduite : « mais, » dit Mézerai, « celui qui « parla pour les Etats, plusieurs ecclésiastiques, les dé- « putés de Paris, et quelques autres, se laissèrent em- « porter au vent de la cour, et trahirent la cause pu- « blique (1). Ils ne purent pourtant pas empêcher qu'on « ne cassât la plupart des actes de Louis XI, qu'on ne « rejetât ses dons excessifs, qu'on ne flétrît la mémoire « des exécuteurs de ses injustices, et qu'on ne déchargeât « le peuple d'une partie des tailles. »

La raison publique, représentée par le plus petit nombre des députés, fut repoussée dans les questions d'un intérêt présent ; mais on voit qu'elle réunit les suffrages pour celles qui, confirmant le passé ou réglant l'avenir, n'étaient pas moins importantes. Ce n'était que l'aurore de la liberté ; une grande partie de la nation devait long-temps encore être plongée dans une nuit profonde.

Les Etats-Généraux ont déjà réglé deux fois les différends de la famille royale. C'était par les armes que les princes les discutaient jadis : aujourd'hui l'exemple de modération qu'ils donnent fait honneur à leurs lumières ; c'est un hommage à l'esprit des peuples, qui comprennent enfin qu'ils ne sont jamais que victimes de ces funestes querelles, et qui ne sont plus disposés à verser leur sang pour des intérêts étrangers. Mais s'agit-il de la France entière, le prince trouve ses sujets toujours prêts à le défendre. Sous un bon roi, sous un roi tel qu'on l'espérait, les malheurs de l'Etat sont un nouvel aiguillon de l'enthousiame national. Les Etats de Tours de 1506 en fournissent un exemple.

Charles VIII a montré à son frère le chemin de cette Italie destinée à devenir l'éternel théâtre de la gloire française et le tombeau de nos armées. Louis XII s'y précipite ; il ignore sans doute que rarement les lauriers sanglans de la victoire ornent le front d'un père du peuple. Bientôt la bataille de Cérignolle impose le traité de Blois (2), et le roi

(1) Ils trahirent le roi à qui ils devaient la vérité, et sacrifièrent à l'avarice des grands, leurs provinces, dont ils devaient défendre les intérêts. (Mably.)

(2) 22 septembre 1504.

de France doit chaque année, à Noël, envoyer des éperons d'or à l'Empereur !

Mais le roi n'est pas seul malheureux : le cœur du père est déchiré. Il a promis la main de sa fille au fils de son ennemi. Charles de Luxembourg, destiné à nous faire *tout perdre fors l'honneur*, doit épouser Claude de France et régner sur la Bretagne et sur la Bourgogne. Ainsi l'a juré Louis XII, ainsi l'ont juré les gouverneurs de ces provinces. Mais indignée, la France n'a pas sanctionné ces sermens. Le roi n'est pas le maître de se séparer d'une portion de la grande famille; et comme si son cœur n'attendait qu'une violence pour rétracter d'imprudentes promesses, il s'entoure de ses sujets, et le 10 mai 1506 il est salué à Tours par les acclamations d'un peuple heureux par lui et qui vient rendre le même bonheur à son roi. Il ne s'agit pas de subsides, le roi a diminué les impôts; il n'est pas question de griefs, les Français reconnaissans n'ont que des actions de grace à rendre (1). Ce qu'il faut, c'est délier la parole royale. Elle a promis en vain, puisqu'elle a promis de violer les lois fondamentales de la monarchie; elle a promis en vain, puisque la France entière refuse de ratifier ce serment. Le roi se rend à l'unanime résolution de son conseil et aux prières des députés, qui poussant à l'envi des cris de joie, jurent de verser la dernière goutte de leur sang pour défendre l'intégrité du territoire. Le mariage de Claude de France avec le duc de Valois est aussitôt célébré sous les auspices de cette volonté nationale si énergiquement imposée, et reçue avec une soumission si pleine de félicité. Louis XII, heureux d'une faiblesse qui lui découvre toute l'étendue de l'amour des Français, leur fait dire par son chancelier que *s'il leur a été bon roi, il se parforcera de leur faire de bien en mieux* (2), et congédie les députés qui vont recevoir les félicitations et les sermens des villes, et les enflammer d'un nouvel enthousiasme pour le père du peuple.

(1) Son édit de 1499, éternellement mémorable, a rendu sa mémoire chère à tous ceux qui rendent la justice et à ceux qui l'aiment. Il ordonne par cet édit *qu'on suive toujours la loi, malgré les ordres contraires que l'importunité pourrait arracher au monarque*. ( *Essai sur l'esprit et les mœurs des nations.* )

(2) Etats-Généraux, 1789, Paris, tom. X.

Les Français sont donc tous soumis aux décisions des Etats-Généraux : désormais rois ou sujets se courberont également devant ces assemblées. Cette puissance n'est pas nouvelle ; mais oubliée depuis les successeurs de Charlemagne, ce retour doit prouver que les passions des hommes s'efforcent en vain de se mettre à la place de certaines lois, éternelles parce qu'elles sont dans la nature même. Il faut toujours y revenir, quoique l'ignorance ou des intérêts privés s'efforcent de les rayer des codes des nations. Sans doute la première de ces lois est que la volonté de la nation réunie doit être supérieure à toute volonté : mais le système féodal avait détruit ces premières notions, et les peuples n'étaient plus comptés que par les chefs dont ils dépendaient : la puissance des Grands ne se mesurait que d'après le nombre de leurs nobles feudataires. Il n'en est plus de même dès que les Etats-Généraux sont assemblés. Devant eux s'évanouissent toutes ces prétentions à l'asservissement des peuples ; bientôt elles n'auront plus de réel que des titres honorifiques et quelques charges à la cour. Le plus despote des rois qui se soient encore assis sur le trône, se soumet au jugement de ses sujets ; un autre roi, héritier de ce même trône où est aussi montée avec lui la maxime du roi Jean, leur défère la religion même d'un serment ; et ce qui ne doit pas paraître moins extraordinaire, bientôt après, un souverain ennemi, étranger dans ses vastes royaumes aux idées d'un pouvoir supérieur au sien, exige dans un traité, que les Etats-Généraux confirment des conditions qu'il arrache au désespoir et à l'ennui d'une année de prison, ne pouvant se les promettre de la justice.

Le vainqueur de Marignan brûle de laver l'affront de la diète de Francfort ; moins heureux encore que son rival, malgré des prodiges de courage, il est battu sous les murs de Pavie, et le roi de France suit tristement le chemin de Madrid ! Mais Charles-Quint ne se souvient pas du prince Noir. Dans une même fortune il se montre inférieur au héros anglais et dégrade sa victoire par le traitement qu'il fait subir à son illustre captif. Une généreuse abdication (1) réveille seule enfin l'empereur, qui voit sa proie lui échap-

______

(1) François I<sup>er</sup> abdiqua le trône à Madrid.

per, et un traité , qui ne sera pas observé parce qu'il est injuste , ouvre les portes de sa prison à François I<sup>er</sup> ; il jure dès lors de combattre Charles - Quint avec ses propres armes (1).

Charles-Quint a exigé que les Etats-Généraux ratifient la cession du duché de Bourgogne , que déjà il avait dû obtenir (2). Mais la victoire ne sera pas plus heureuse avec le petit-fils qu'avec le grand-père , et si le roi de France se soumet à l'humiliation de paraître devant ses sujets , qu'il convoque à Cognac (3), escorté de deux ambassadeurs espagnols , c'est pour montrer le puissant accord du roi avec ses sujets, ainsi que leur ferme résolution de venger la défaite de Pavie et l'injurieuse prison de Madrid. François I<sup>r</sup> , dans sa captivité, s'est rappelé Louis XI à Conflans; déjà les alliés de Charles-Quint sont divisés; et au lieu d'une honteuse ratification , les ambassadeurs ne rapportent à leur maître que la ligue de la France avec les puissances de l'Italie.

Remarquons qu'il y a une grande différence entre ces Etats-Généraux et ceux de Tours. Ici un prince adoré et digne de l'être, a signé, par une inconcevable faiblesse, un traité onéreux ; le vainqueur use de toutes les précautions les plus minutieuses pour engager les sujets au même serment que le prince : c'est montrer à Louis XII une défiance, preuve certaine de l'injustice des sacrifices que l'on exige. Associer la promesse des sujets à la promesse de leur roi , c'est leur donner le droit de le délier s'ils se sentent assez forts pour se délier eux-mêmes ; la force seule est le garant de pareils sermens. Mais si le traité de François I<sup>er</sup> est plus onéreux encore , néanmoins ce prince s'est engagé personnellement (4). Malgré la protestation qu'il fit devant ses officiers, s'il n'obtient de céder la Bourgogne, sa loyauté doit lui faire reprendre le chemin de Madrid. Le roi Jean retourna à Londres. L'absolution que le légat du Pape offrait au roi (5), ne pouvait absoudre l'honneur

(1) Il assembla ses officiers , leur fit jurer le secret, et protesta contre le traité qu'il allait signer. ( Garnier. )

(2) Par son mariage avec Claude de France.

(3) 1526.

(4) 1526. *Hist. de France.*

(5) Garnier, XXIV. — 227.

du chevalier : à la bataille de Pavie, François I<sup>er</sup> perdit moins qu'à Cognac ! Au reste, ce prince n'a mérité ni les éloges qu'on lui a prodigués, ni les outrages dont on a souillé sa mémoire. Ambitieux de la gloire des armes, comme tous les souverains de son temps, l'éclat qu'il donna aux lettres ne put balancer les malheurs nés de ses funestes entreprises. Sa conduite fut un mélange bizarre, qui nous offre, pour ainsi dire, toute seule, le tableau des mœurs de cette époque ; il avait le génie, les vices et les vertus de ses sujets. Il s'allie avec les Turcs contre le roi catholique, et avec les protestans contre le pape ; il viole ses sermens de Madrid, et assiste au supplice de chrétiens suspendus en l'air et dévorés par les flammes ; il appelle Samblançay son père, et le laisse pendre quoique innocent ; il poursuit les hérétiques, et ordonne d'enlever la grille d'argent du tombeau de saint Martin à Tours ; il se réconcilie avec le pape, et Barberousse invoque Mahomet dans une mosquée à Marseille ; il veut que l'on rende exactement la justice, et il met à l'encan les charges de conseillers ; enfin il affecte une galanterie chevaleresque, et meurt d'une maladie qui fait souvent regretter la découverte du Nouveau-Monde..... Mais revenons à notre sujet.

Ce n'est plus seulement sur les droits des rois et des peuples que l'esprit humain a l'audace de vouloir porter le flambeau. Ce siècle vit un phénomène bien extraordinaire pour une époque où les idées de soumission à Rome n'avaient reçu d'atteinte que de la part de quelques princes jaloux, qui, mécontens des Papes, leur déniaient enfin une suprématie temporelle que les foudres du Vatican avaient seules conquise sur l'ignorance. Depuis un certain temps, Rome se voyant attaquée et craignant que les princes ne démêlassent cette combinaison productive du temporel et du spirituel, obscure sauvegarde de sa puissance, avait soin de se tourner du côté du plus fort, de celui qui pouvait faire respecter des décisions que Philippe-le-Bel avait donné le dangereux exemple de braver : comme si Rome, divisant ainsi par politique ce que la religion lui commandait de tenir uni, ne conservait de son ancienne idolâtrie que le culte de la Fortune. Mais ces terreurs du Saint-Siège ne venaient que des rois. Les peuples étaient toujours dans une aussi aveugle obéissance pour ses ministres, et les tributs, sous une foule de dénominations, allaient sans cesse alimenter l'ambition d'un Grégoire VII ou les désordres d'un infame Alexandre VI. L'avidité pontificale entretenait avec soin ces sources de revenus immenses, payés par la superstition, et rien ne dure aussi long-temps que la superstition. La vente des indulgences était encore plus odieuse, plus criminelle que la vente des charges de judicature en France; et ce monopole du Ciel devait soulever contre Rome un orage qui est encore menaçant.

Luther attaque les indulgences, dont on lui refuse le profit, les désordres de la cour des Papes, les Papes eux-mêmes, et enfin les dogmes. Il brave l'excommunication fulminée contre lui, la brûle sur la place publique de Wittemberg, ose soutenir sa doctrine devant la diète de Worms, en présence de Charles-Quint même, qu'il oublie être le successeur de Sigismond, et sans être ébranlé par le tragique exemple de Jean Hus; il signale et dévoile aux peuples les mystérieux envahissemens de la puissance papale, les appelle à une amélioration religieuse. Protégé par un seul prince, celui qui avait eu le courage de refuser l'empire (1), il se défend et attaque : *la Captivité de Babylone* porte les derniers coups à Rome. Cet homme hardi, le scandale de notre Eglise et la gloire des protestans, fait des progrès dont la rapidité l'étonne lui-même, et, au lieu d'une simple réforme, c'est une séparation qu'il obtient. Henri VIII, roi d'Angleterre, le même qui a demandé au Pape la permission de lire et de réfuter Luther, se déclare le chef de l'Eglise anglicane, et ses sujets prêtent le serment de *suprématie*. Calvin prêche en France, Zwingle réforme la Suisse, et bientôt, méprisés et anathématisés par Rome, ces nouveaux sectaires, la Bible et le fer à la main, lui arrachent la moitié de l'Europe, et ébranlent l'autre.

Ces querelles religieuses répandirent en France un grand nombre de mémoires, et allumèrent un esprit de discussion qui fit étudier, qui fit fouiller dans les vieux manuscrits et exhumer des autorités pour ces disputes

---

(1) Frédéric de Saxe, dit le Sage.

théologiques. L'imprimerie, qui commençait à répandre des livres, fit deviner l'influence qu'elle devait obtenir sur la civilisation, décidée aussitôt que les hommes connurent ce moyen rapide de communication. Mais ce n'était pas dans le paisible ridicule de discussions écrites que devait se renfermer cet esprit d'innovation. Le zèle quand il n'est pas éclairé dégénère en fanatisme, et la persécution amène la révolte. Aussi nous allons voir l'intolérance produire des guerres sanglantes et offrir à un Dieu de paix plus de victimes humaines que n'en immolèrent à leurs fausses divinités les peuples que nous nommons barbares.

Louis XII avait fait briller sur le trône tant de vertus et un si ardent amour pour la patrie, que les Français oublièrent leurs droits même sous les deux successeurs du père du peuple. C'est ainsi que le règne d'un prince vertueux devient quelquefois funeste en accoutumant ses sujets à trop d'indulgence pour ses héritiers. Les Français, en effet, mettant de côté des précautions dont la pensée eût été un crime sous le bon Louis XII, s'associèrent en aveugles à la gloire de François Ier, au lieu de s'opposer à ses téméraires et imprudentes invasions. Ils partagèrent les malheurs de ce prince, et l'orgueil national, blessé et irrité, chercha sous Henri II à venger l'honneur de nos armes et les outrages de Madrid. Les guerres contre Charles-Quint et Philippe se continuèrent avec des succès balancés qui prolongeaient la misère des peuples, et enfin s'engloutirent dans les guerres plus funestes de la religion. Henri II, abandonnant le gouvernement à une maîtresse et à des favoris, donne le singulier exemple d'un roi qui déclare la guerre par un manifeste sur le frontispice duquel est gravé un bonnet entre deux poignards avec la devise *liberté* (1), et lègue à son faible successeur Catherine de Médicis, les Guises et l'inquisition (2).

François II, inhabile à recevoir un pareil héritage, ne règne sous les Guises que pour augmenter leur pouvoir. Maires du palais, ils ne soutiennent la couronne que pour mieux la saisir. Ils dissipent la conjuration d'Amboise di-

(1) Garnier, *Hist. de France.*
(2) 1558.

rigée contre leur crédit, et font condamner à mort le prince de Condé ; les créneaux du château, Montfaucon de ces étrangers, montrent les conjurés, bottés et éperonnés, pendus pour la cause du roi et de l'Eglise, noms que l'on accole déjà ensemble pour voiler des intérêts privés. La religion n'est, pour ces ambitieux, que la voie du trône. Mais les exécutions, au lieu de décourager les réformés, semblent ranimer leur constance. L'aveugle fanatisme est le même chez toutes les sectes, et le sang d'Anne Dubourg enfante des prosélytes : bientôt leur nombre comme leur puissance, malgré l'effroyable coup qui va les frapper, s'étendront au point qu'ils auront le choix entre le trône et une messe.

_ Néanmoins la mort de François II a ralenti, sans la calmer, l'animosité des partis. Les Etats-Généraux étaient convoqués, et quoique leur but fût de décider les prétentions des Guises, d'être sans doute l'instrument de leur élévation, et que la mort du roi eût changé l'état des choses, cependant ils sont utiles. Il y a une régence à décerner : Catherine de Médicis s'en est avidement revêtue, il est vrai ; mais ses ennemis ne perdent pas l'espérance de la lui arracher. Il appartient aux Etats-Généraux d'en décider ; c'est là que les partis se donnent rendez-vous. Les députés arrivent en foule ; le conseil de la régente voudrait et n'ose les renvoyer, Catherine tremble pour son pouvoir. Mais avec le chancelier de l'Hospital le respect pour les lois siège auprès du trône, et sa voix est écoutée.

Dans les assemblées des bailliages, le parti des Guises et le parti de la réforme se sont combattus à outrance : la victoire ne sera décidée qu'à Orléans, où tous les ressorts sont mis en jeu pour la remporter. La condamnation du prince de Condé n'est plus pour la cour qu'un moyen de contenir, de gagner ou d'effrayer ses partisans ; chez ceux-ci, elle fait encore serrer les rangs, et augmente la fureur contre les Guises. Ces princes, à leur tour, avaient employé toute espèce de brigues pour exclure les réformés de la députation ; mais les catholiques avaient quelquefois été les plus faibles, de sorte qu'au sein même des Etats-Généraux, les partis allaient se trouver en présence. Au début de l'assemblée se manifeste l'esprit d'agitation qui l'anime. Le cardinal de Lorraine ambitionnait d'être l'orateur des trois Ordres. C'était en commun que devait se faire l'élection ; il était puissant, le clergé se hâte de donner l'exemple de la servilité et de satisfaire ses vœux ; mais il n'en est pas de même de la noblesse et du tiers-état. Malgré l'invitation du chancelier de l'Hospital, chargé du *discours de la couronne*, ces deux Ordres se rendent tout de suite dans leurs salles particulières, ne répondent à la notification du clergé pour la nomination du cardinal de Lorraine, que par des excuses futiles, et nomment chacun un orateur chargé de présenter *les doléances*. C'était déjà un échec pour le clergé et le parti qu'il soutenait ; le cardinal, blessé de ce refus humiliant, trouve un prétexte, et on élit à sa place Quentin, simple docteur.

Dans ces États, les questions des finances et de la régence ne sont pas les plus importantes ; à leur solution n'est pas attachée la vie d'un grand nombre de Français ; la tranquillité du pays n'en dépend que d'une manière secondaire ; la civilisation ne se montrera pas là, car peu lui importe qui gouvernera. Le principe que les Etats-Généraux disposent du gouvernement pendant les minorités, a été sanctionné ; le reste n'est qu'un cas particulier, et tôt ou tard les principes reprennent leur place, et tout émane d'eux seuls. Le roi de Navarre, Catherine de Médicis, les Guises, le prince de Condé, agissent sur les députés, sur le conseil, sur la cour même, car malheureusement c'est par une voie aussi étroite que se conduisent souvent les grandes affaires ; les courtisans disposent de l'esprit du maître. On n'est pas encore arrivé au point où les passions des princes ne décideront plus seules de la politique, des mœurs, du génie et des intérêts des peuples. A Orléans, comme à Saint-Germain, où les Etats se séparèrent, ce ne fut que cabales, intrigues, et, remarquons-le, la guerre des pamphlets ne fut pas la moins active. Cette question du gouvernement offrit de singuliers rapprochemens entre les passions de chaque Ordre. Celui du clergé, voyant dans le conseil beaucoup de cardinaux et d'évêques, s'empresse de l'adopter, tant il fut toujours avide de la puissance temporelle ! Celui de la noblesse, indigné que des étrangers marchent devant les plus grandes maisons du royaume, signale comme cause des troubles les hommes que l'on conserve à la tête des affaires, et le tiers-état, indifférent à un projet qui, dans les circonstances actuelles, n'est pas le besoin le plus pressant des peuples, attaque avec force chacun des deux Ordres. A l'un il reproche une coupable et honteuse ignorance, une avarice sordide qui va jusqu'à trafiquer des sacremens (1), et un luxe effréné qui a changé en palais l'humble toit que les évêques devaient habiter dans le parvis de leur église (2) ; à la noblesse, l'oisiveté, l'avidité des places, les richesses. Le tiers-état comprenait que bientôt il n'aurait plus à combattre que la résistance des deux Ordres ; la portion de gouvernement qu'il avait déjà conquise lui donnait l'envie et lui faisait comprendre le droit de participer aussi à l'autre. Dans ces Etats-Généraux même, les efforts des nobles *dissidens* pour attirer ses députés dans leur parti, donnèrent une nouvelle solidité aux prétentions du tiers-état.

Quoique la question de la régence n'eût pas été résolue bien positivement à cause de la pusillanimité du roi de Navarre, premier prince du sang et père de notre Henri IV, et que Catherine de Médicis conservât son pouvoir au préjudice de ce prince, néanmoins l'influence des Guises était affaiblie, et le prince de Condé, le chef des calvinistes, proclamé innocent, semblait assurer à ceux-ci que leurs droits seraient reconnus et leurs demandes accordées. C'était là le vrai but des Etats-Généraux ; c'était dans cette question que le progrès des idées peut se faire sentir. Elle renferme toutes celles qui ont été ou devaient être soumises aux Etats. La prépondérance des Guises ou le triomphe de l'intolérance et la ruine de la royauté, les finances, le conseil de régence, la justice, les impôts, l'avenir de la France, en un mot, dépendent de la manière dont les Etats envisageront la réforme. Par leur délibération, ils ramèneront la paix ou prolongeront une guerre atroce ; aussi jamais discussion ne fut plus animée, et rien ne put conduire à une résolution commune. Le fanatisme agitait tous les partis ; un rapprochement était impossible. La tolérance est une vertu nouvelle qu'il faut comprendre,

_______________

(1) Garnier, 19ᵉ vol., pag. 108.
(2) Quatrième concile de Carthage, canon 15.

et nous la voyons trop peu répandue encore de nos jours pour croire qu'à cette époque elle pût seule faire mettre bas les armes à des hommes qui les avaient reçues des plus violentes passions.

Le clergé, nous le prévoyons sans peine, oppose une opiniâtre résistance à la moindre concession à des hommes que ses reproches les plus modérés accusaient d'être ariens, hérétiques, séditieux (1). L'orateur de cet ordre, dit un historien (2), sonna le tocsin du meurtre et du carnage ; il prouva au roi que cette hérésie était une punition du ciel, puisque les troubles dataient de 1516, époque à laquelle François I<sup>er</sup> s'était emparé de la nomination aux évêchés et aux abbayes, qui est, disait-il, de droit divin, et qui, par conséquent, appartient au Pape; doctine absurde, qui trouve encore des partisans. La véhémence de l'orateur fut telle, qu'elle excita l'indignation générale, et le pédant docteur fut réduit à des excuses publiques.

La noblesse se divisa ; cela devait être. Les hommes ne sont pas tous également éclairés, également dégagés de préjugés et d'erreurs, surtout en matières religieuses. Nul moyen ne put la concilier, et le comte de Rochefort eut quatre cahiers à présenter. On devine que la question des protestans occupait dans tous la plus grande partie. Ici on demande d'exécuter à outrance les lois contre les novateurs, et les nobles signataires, plus ardens encore à défendre des doctrines qu'ils ne comprennent pas, qu'à soutenir leurs droits, offrent leur sang pour une religion qui en a horreur. Là des catholiques, modérés autant qu'on peut l'être avec le fanatisme de l'esprit de parti, croient beaucoup faire en accordant l'abolition de la peine de mort; quelques calvinistes timides ne sollicitent que la permission d'élever un temple dans leurs fiefs ; enfin, ceux qui devancent leur siècle, qui comprennent la tolérance, qui la voudraient commander à tous, exigent hautement un état civil et le libre exercice d'une religion, qui est moins hostile à Rome que celle des juifs et des mahométans que l'on ne persécute pas. Ceux-ci doivent nous représenter les sommités intellectuelles de l'époque;

_________

(1) Anquetil.
(2) *Discours de Quentin*. ( Garnier. )

s'ils ne réussissent pas complètement, ils auront du moins la gloire d'avoir les premiers posé les bases sur lesquelles les gouvernemens modernes ont établi, d'une manière imparfaite encore, leurs lois de liberté pour tous les cultes.

Au milieu de ces grands intérêts se glissèrent inaperçues la demande de la noblesse et du tiers-état, que nous ne pouvons passer sous silence, de la suppression des fêtes qui ôtaient aux ouvriers les moyens de gagner de quoi faire subsister leur famille, et celle du tiers-état, d'une entière liberté pour l'élection des officiers municipaux. Si les députés de cette époque se réveillaient sur les bancs de notre Chambre, quel ne serait pas leur étonnement d'entendre des regrets sur le succès de la première de ces demandes et des sollicitations pour la seconde, après tant d'années !

Nous remarquons, dans ces Etats, comme dans ceux qui ont précédé, comme dans ceux qui suivront, que la civilisation représentée d'abord par le petit nombre, voit échouer ce qu'elle propose; mais le temps vient la justifier, et le chancelier, l'illustre l'Hospital, est le plus digne organe comme le plus ferme soutien d'une opinion publique qu'il est capable de suivre et de comprendre. Aussi, peu après ces Etats-Généraux parut un édit de tolérance, par lequel il était enjoint aux juges de rendre la liberté et les biens à ceux qui en avaient été privés pour cause de religion (1). Le même édit portait défense à tous les sujets du roi, sous peine de la vie, de s'attaquer les uns les autres à l'occasion de la différence de dogmes.

Mais pour soutenir ces édits il fallait la force et l'union. Le fanatisme ne s'apaise pas avec des lois, surtout lorsqu'il est attisé par des princes jaloux qui, sans vouloir renoncer à leurs haines ou à leurs espérances, ne sont jamais aussi puissans que dans les troubles. Aussi la guerre entre les catholiques et les huguenots, entre le duc de Guise et le prince de Condé continue avec une fureur toujours croissante. En vain la Saint-Barthélemy vient

_______________

(1) La célèbre ordonnance, dite d'Orléans, en 149 articles, fut publiée cette même année. Aujourd'hui même elle est fort curieuse : c'est presqu'une loi de circonstance.

épouvanter le monde par une boucherie de soixante mille Français ; personne n'est abattu , les cris de vengeance étouffent ceux des victimes et des bourreaux. Les églises et les temples retentissent de prières également coupables ; tout s'apprête et s'anime à de nouveaux combats , à de nouvelles horreurs. Rome se hâte de rendre de solennelles actions de graces au ciel ; les Guises sont délivrés d'une foule d'ennemis , mais Henri IV leur échappe ; Charles IX peut impunément répéter que le cadavre d'un ennemi mort sent toujours bon, et les torches de la guerre civile allumées de nouveau , répandent plus au loin leur funèbres lueurs. Aux passions déjà terribles de la religion et du pouvoir se joignent les fureurs de la vengeance , et l'Etat ne doit peut-être son salut, après une crise inouïe dans l'histoire, qu'au grand nombre de partis qui le divisent. Le connétable de Montmorency , *qui n'a pas vécu quatre-vingts ans pour ne pas savoir mourir un quart d'heure* , le roi de Navarre , le prince de Condé , le duc François de Guise, Charles IX, disparaissent au milieu de ce bouleversement , et sont remplacés aussitôt par des successeurs plus compromis, plus ardens et plus ambitieux. La France est livrée à un Roi qui s'échappe en fugitif du trône de Pologne pour venir hériter d'un pouvoir ébranlé de toutes parts ; au lieu de comprimer les révoltés et de ramener la paix , il se livre sans frein à des plaisirs qui le déshonorent, outragent la nature et indignent les peuples. Sous un prince aussi lâche , les malheurs de l'Etat furent comblés, et si le royaume lui-même ne périt pas , c'est qu'il fut conservé par ceux qui aspiraient à s'en emparer. Guise ne donnait plus de bornes à son ambition ; un autre Childeric devait cesser de régner. Mais le duc voulait usurper seul ; il voulait la France tout entière, et il eût combattu pour l'intégrité d'un royaume qu'il regardait comme sa conquête, et que les flatteurs lui montraient comme son patrimoine : Charlemagne seul pouvait être l'aïeul d'un héros tel que lui ! Si des calamités qui rappelaient le règne de Charles-le-Chauve servaient à ses projets , une séparation de provinces eût froissé le nouveau Pepin.

Plusieurs trèves, quelques momens de paix, venaient de temps en temps laisser respirer la France ; mais ces haltes n'étaient pas longues ; elles ne servaient qu'à donner de nouvelles forces à la haine, à l'ambition et au fanatisme: on ne prenait que le temps d'aiguiser les armes. Les Français n'avaient pas comme les Anglais une grande Charte, et flottaient sans boussole au gré de ces tempêtes politiques. Au lieu d'attaquer, comme leurs voisins, le Gouvernement même, ils n'attaquaient encore que le Prince, et les améliorations que l'on pouvait arracher étaient, pour ainsi dire, bornées à la vie d'un seul homme. Aussi les discordes se prolongeaient sans autre but que des intérêts privés; chaque parti élevait une nouvelle bannière et, cachant son ignorance sous son fanatisme, combattait pour la défendre. Ce n'était partout que meurtres, incendies, pillages; couverts de sang, les guerriers assistaient à la messe ou couraient au prêche. Dans cette guerre, les villes et surtout les campagnes avaient autant à redouter leurs alliés que leurs vainqueurs : tous, pour la gloire d'un Dieu de paix, inondaient de sang les lieux de leur passage; et ce n'est qu'en frémissant que l'on peut lire dans les histoires les récits de ces atrocités et les barbares exploits d'un des Adrets, d'un Montluc et de ses *laquais* (1). Avec une pareille confusion dans le Royaume, on sent que les impôts n'étaient pas payés, que le trésor était vide et obéré : néanmoins il fallait de l'argent. Il en fallait, puisque c'était par la force des armes que l'on voulait convaincre, après l'inutile colloque de Poissy; il en fallait surtout pour ces Mignons dont la vie et le luxe insultaient, aussi bien que leur mort, aux mœurs et à la misère du peuple. Lorsque le crédit fut épuisé, force fut de recourir au moyen ordinaire; on tourna les yeux vers ce même peuple que l'on méprisait, et les Etats-Généraux furent convoqués. C'est ainsi, pour me servir de la comparaison favorite du chancelier de L'Hospital, que l'on attendait que la maladie fût au dernier période avant d'appeler le médecin.

Mais Guise, dont les malheurs de l'Etat secondaient les ambitieux projets, avait prévu cette convocation; la chaire et le confessionnal lui étaient dévoués (2), et le moderne Zacharie se préparait à sacrer le descendant de Charlemagne. Tandis que Henri III, plongé dans d'infames plaisirs, ou

(1) Anquetil.
(2) *Mém. de Montluc.*

livré à de minutieuses et ridicules pratiques de dévotion, s'endormait sur le trône, le Duc faisait jurer par tous les zélés catholiques la *Sainte-Union* (1); et maître du Royaume, il ne lui fallait que de l'audace pour placer le diadème sur son front.

Les Etats s'assemblent à Blois, le 6 décembre 1576. Après une procession solennelle, un jeûne et une communion générale, Henri III en fait l'ouverture, entouré d'une cour qui le méprise et l'imite, de Grands qui le bravent, du Duc de Guise qui le détrône et d'une mère qui trouve une affreuse sécurité à n'avoir sur la conscience, dit-elle, que la mort de six huguenots ! Henri parle lui-même, il a l'éclat et la dignité qu'exige la représentation. Son discours renferme des vues sages et peut-être que dans un temps ordinaire ce Prince eût opéré les améliorations qu'il ne fit alors que réclamer en vain ou promettre impunément. Mais lorsqu'une fermentation générale excite et égare les esprits, il faut plus que de bonnes intentions; ce n'est pas avec des discours que l'on contient la révolte, et peut-être *la Ligue* naissante aurait été étouffée, s'il avait osé déployer l'appareil entier de la puissance royale. Mais une énergie pareille était au-dessus de ses forces, et le Duc de Guise s'approcha de la couronne à la distance d'un poignard.....

-Dès les premières séances, les députés montrèrent au Roi leur esprit d'opposition. Le Tiers-Etat, bientôt soutenu par le Clergé, demanda que tout ce qui serait adopté par les trois ordres, fût d'avance déclaré loi du Royaume. C'était dire au Roi qu'il descendrait du trône à la volonté de ses sujets; c'était reconnaître le Duc de Guise dont la séditieuse influence sur les Députés était publique (2). Le monarque effrayé osa néanmoins refuser ces demandes; il ne pouvait les accepter qu'en échangeant la couronne pour un cloître. Comme si une pareille tentative ne servait qu'à essayer leurs forces, c'est sur la question religieuse que les Etats donnèrent un libre essor à leur fanatisme, prétexte de leur amour pour le Duc de Guise. Ils

(1) Anquetil.

(2) Le plan de la Ligue avait été saisi sur l'avocat David qui le portait à Rome.

résolurent que le Roi serait supplié de ne souffrir dans son Royaume qu'un seul culte. Il faut lire dans les historiens les propositions qui furent émises pour comprendre jusqu'où peut aller le zèle féroce des opinions religieuses : la Noblesse, le Clergé , une portion du Tiers-Etat décidèrent que la force , les supplices, la guerre civile même devaient être employés pour extirper l'hérésie, et toute la sagesse du vénérable Duc de Montpensier faillit être impuissante pour ramener ces conspirateurs et leurs dupes aux sentimens de justice et de modération que commande la religion dont ils abusaient si cruellement.

Ainsi fut manquée par le Duc de Guise l'occasion d'accomplir ses projets,et de remplacer les Valois sur le trône. La Ligue était dévoilée ; cet essai d'usurpation , sous un Roi ferme , aurait conduit les Princes lorrains à l'échafaud; mais le faible Henri III en jugea autrement, et il ne conçut d'autre moyen de déjouer, de neutraliser cette vaste conjuration , que de s'associer lui-même à la Ligue. Il s'en déclara le chef en présence des trois Ordres, se constituant ainsi le protecteur d'une partie de la nation contre l'autre , le défenseur des uns et l'ennemi des autres , au lieu d'être le Roi de tous. De Roi de France , il devint le lieutenant méprisé du Duc de Guise, et son nom ne servit qu'à fortifier une faction qui devait bouleverser son Royaume et le faire périr lui-même sous le couteau d'un assassin. Bientôt il dut briser les liens de famille, repousser le seul véritable soutien qui lui restât, et envoyer une armée contre Henri IV, qu'elle trouva à Coutras ; s'enfuir de Paris pour se soustraire au Duc de Guise et aux *ciseaux d'or* de la Duchesse de Montpensier; accorder cet *Edit d'union*, la honte d'un règne si fertile en opprobres, le titre de généralissime au rival qu'il connaissait, et promettre que cet abandon de la puissance royale serait confirmé par les Etats-Généraux , qu'on lui fit convoquer.

La Ligue était prête ; partout les députés avaient été nommés par elle; ils allaient à Blois pour consommer la révolution et accomplir le but de cette union criminelle , que le monarque n'avait pas écrasée : couronner le duc de Guise et raser Henri III, tel était le dénouement qu'ils se promettaient, avec les dépouilles d'une cour qu'ils devaient remplacer. Dès les premiers jours de la réunion (1), ils montrèrent au roi que son règne était fini. Ce prince avait parlé lui-même ; comme aux Etats de 1576, il l'avait fait avec sagesse, avec fermeté peut-être. Il n'en fallut pas davantage pour effrayer les députés, dont la conscience ne devait pas être tranquille à l'approche du crime dont ils étaient les instrumens. C'est l'exécution seule qui impose silence aux remords ; il la fallait donc précipiter. Aussi les confidens du duc de Guise firent ressortir quelques expressions du discours du monarque ; et au nom des Etats, l'archevêque de Lyon eut l'impudence de lui signifier qu'il fallait les supprimer à l'impression, et l'imbécile souverain la lâcheté d'y consentir. Mais ses yeux s'ouvrirent enfin. Les députés ne venaient pas travailler à calmer les dissensions *qui déchiraient le royaume et le cœur du roi* (2), c'est à sa personne même qu'ils en voulaient ; ils étaient les complices du duc de Guise et non les pacifiques mandataires de la nation. Plus un roi montre de faiblesse, plus il est terrible lorsque sa vie est menacée ; l'irrésolution devient fureur ; tous les moyens sont bons s'ils le débarrassent des ennemis qui l'ont fait trembler, et puisque le duc de Guise ou son maître devaient périr ou régner, toute pusillanimité disparaissait devant cette alternative. Mais depuis long-temps le vainqueur de Jarnac et de Montcontour n'avait plus de nobles passions et l'histoire dit assez par quelle victoire criminelle il l'emporta sur son rival... Aussi les églises de Paris ne retentirent pas en vain d'imprécations contre *Henri de Valois* (3), et peu de temps après on y chantait : *Saint Jacques Clément, priez pour nous !....*

Ce n'est pas dans de pareils Etats-Généraux, ce n'est pas dans des temps aussi obscurcis par leurs discordes civiles et par le fanatisme, que l'on peut suivre les traces de la liberté ; elle a besoin pour s'établir d'un repos qu'elle doit ensuite produire elle-même et jamais la tranquillité ne fut plus éloignée de la France. Si la Ligue convoque des Etats-Généraux sous l'influence d'un légat qui s'imagine présider à l'élection d'un roi de France, aux yeux et à l'exclusion

(1) Les Etats-Généraux s'ouvrirent le 16 octobre 1588.
(2) Paroles de Henri III. *Voyez* son discours.
(3) Anquetil.

de Henri IV , ils sont punis de leur illégalité , et la satire Ménippée , burlesque procès-verbal de leurs séances , en fait justice et les livre ainsi que la Ligue au ridicule. Ces Etats en effet sont si peu considérés comme Etats-Généraux que la fraction du parlement de Paris, qui y siégeait encore, osa s'élever au-dessus d'eux et leur prescrire des lois (1). Le parlement croyait ouvrir le chemin de trône au duc de Mayenne en défendant ainsi la loi salique contre les prétentions du roi d'Espagne , qui redoutait également les Guises et les Bourbons ; mais il ne fit que mieux conserver les droits de Henri IV. Ce prince , redevenu catholique par amour pour son peuple et par les conseils des calvinistes , savait que la religion des rois ne doit être que le honheur de leurs sujets. Aussi dès que le royaume fut tranquille, il rendit l'édit de Nantes; et son plus fidèle conseiller, son ami, Sully , continua d'être auprès de lui l'image vivante de ses sentimens.

Henri IV montant sur le trône au milieu des étrangers qui étaient venus pour l'en priver, en présence de sujets encore armés par le plus féroce fanatisme, n'ayant de soldats que quelques amis et d'argent que les deniers du fidèle Sully , devait réparer les malheurs du royaume et pour ainsi dire le racheter pièce par pièce. C'étaient des Français égarés qu'il voulait conquérir ; fatigué de conduire son panache blanc dans le chemin de l'honneur et du devoir à travers ses sujets armés contre lui, il aimait mieux payer que combattre (2); son accommodement avec les ligueurs n'est pas la portion la moins curieuse de sa vie, comme sa loyauté à remplir les conditions souvent outrées de ces traités partiels , n'est pas sa moindre gloire. Dès qu'il en eut signé avec les principaux chefs , les autres s'empressèrent d'offrir leur marché; car il ne fallait pas arriver trop tard et lorsque la puissance royale aurait pu dicter les conditions et demander raison de la révolte au lieu de compter avec elle. Les sommes que Henri IV dut dépenser furent excessives, mais il eut à cœur de s'acquitter de tout ce qu'il avait promis (3).

(1) De Thou, liv 106. — Davila , liv. 13.
(2) *Mém. de Sully*.
(3) *Ibidem.*

Comme toutes les pensées de ce bon prince étaient pour le bien de ses sujets, une des premières fut de convoquer les Etats-Généraux, qu'il indiqua même à Tours (1) pour le mois d'octobre. Mais il eut sa couronne à conquérir, son royaume à pacifier, la guerre contre Philippe II à soutenir, les affaires de la Ligue à terminer, ses partisans même à calmer, de sorte qu'il fut réduit à convoquer à Rouen une assemblée de notables en 1596. C'est là que le cœur du Roi se montra à découvert; c'est là qu'il dit : *Je vous ai assemblés pour recevoir vos conseils, pour les croire, pour les suivre, bref pour me mettre en tutelle entre vos mains; envie qui ne prend guère aux Rois, aux barbes grises et aux victorieux; mais la violente amour que je porte à mes sujets me fait trouver tout aisé et honorable.* Nobles paroles qui renfermaient un long avenir de bonheur et de liberté, que le poignard de Ravaillac fit évanouir... De toutes parts les Français s'écrièrent en sanglotant : *Nous avons perdu notre père !* Le peuple en garde encore la mémoire !!!...

Une reine faible et un Roi mineur succédèrent à Henri IV. Le volcan des guerres civiles n'était pas éteint, la question de la régence pouvait le rallumer. Dans ces temps où les lois n'étaient pas positives, on n'obéissait à un pouvoir nouveau que s'il était soutenu de forces imposantes. Aussi la régente crut-elle devoir se faire décerner le gouvernement par le parlement, qui n'avait aucun droit pour cela, mais dont les prétentions étaient bien accrues depuis que La Vacquerie refusait en son nom de se mêler d'autre chose que de rendre bonne et exacte justice, répondant au duc d'Orléans que le gouvernement du Roi n'était pas de son ressort (2). Devenu Cour des Pairs par la négligence des Grands, dont il sut faire un droit, il voulait se substituer aux Etats-Généraux, oubliant que sous Henri II, après la bataille de St.-Quentin, il avait regardé comme une faveur, de former un ordre mitoyen entre la noblesse et le Tiers-Etat. C'était assez la coutume du parlement d'oublier les faits qui n'étaient pas favorables à ses prétentions. Quoi qu'il en soit, Marie de Médicis devint régente par lui, et *son ame faible* (3) causa

(1) Anquetil, 8ᵉ vol., pag. 449.
(2) *Hist. du parlement de Paris.*
(3) Réponse de la marquise d'Ancre, Eléonore Galigaï.

tant de maux, qu'en montant sur le trône, Louis XIII se hâta de convoquer les Etats-Généraux, qui s'ouvrirent à Paris le 27 octobre 1614.

Après tant d'années de troubles causés par la religion et par l'ambition de Rome, qui voulait encore être supérieure aux Rois, il est naturel de supposer que ces deux objets vont occuper essentiellement l'assemblée. C'est ce qui arriva. Après les discours d'usage, après les plaintes habituelles sur la dilapidation des finances et du trésor de Henri IV, sur les pensions, sur la manière dont la justice était rendue, le Tiers-Etat proposa de déclarer dans son cahier que la doctrine de la suprématie de Rome était absurde, ridicule, offensante pour la dignité de la couronne et l'indépendance du royaume. Le clergé opposa, comme il a eu la velléité de le faire de nos jours, la plus vive résistance. Il allégua toutes ses raisons ordinaires ; elles sont devenues aujourd'hui trop futiles pour les rapporter. Les sophismes du cardinal Duperron séduisirent d'abord la noblesse. Cet ordre ne comprenait pas à cette époque que plus le trône serait indépendant de toute autorité, plus les hommes qui en approchaient seraient considérés et puissans. Mais l'ignorance était encore si grande que Henri IV conduisait ses armées et ses tribunaux, disait-il, avec un connétable qui ne savait pas écrire et un chancelier qui ignorait le latin. Duperron, enhardi par un premier succès, fit au Tiers-Etat un discours qui ne dura pas moins de trois heures, pour lui faire comprendre et approuver la doctrine ultramontaine ; mais l'orateur de cet ordre, le président Miron, lui répondit avec éloquence, avec fermeté, réfuta victorieusement cette odieuse doctrine, et l'article demeura dans les cahiers. Alarmé d'une opposition que l'adhésion de la noblesse rendait dangereuse, le parlement prit, le lendemain, un arrêté par lequel il proscrivait les propositions du cardinal, contrebalançant ainsi dans l'esprit des peuples, par le poids de ses lumières et de son autorité, l'exemple que donnaient les deux ordres privilégiés. C'était chez eux un reste du fanatisme de la Ligue : les hommes instruits savent seuls se prémunir contre tous les excès. Le clergé, dont la longanimité n'est jamais fatiguée lorsqu'il s'agit de défendre même des usurpations, conçut le hardi projet de soumettre le tiers-état et le parlement par cette autorité royale dont ils défendaient la plus noble prérogative. Ce qu'il y a de plus extraordinaire, c'est qu'il y parvint. On aura peine à croire une pareille ineptie, mais un ordre du Roi *fait expresses inhibitions et défenses auxdits Etats d'entrer dans aucune nouvelle délibération sur ladite matière et à ladite cour d'en prendre aucune juridiction ou connaissance ni passer outre en la signature et publication de ce qui a été délibéré en icelle.* Etrange pouvoir que celui d'hommes qui peuvent aveugler les rois à ce point! Etrange soumission que de connaître enfin cette terrible influence, et de ne pas s'en délivrer à jamais!

Cette question, la seule que les Etats traitèrent, puisqu'elle les détourna de toutes les autres, montre quel était, au commencement du règne de Louis XIII, le partage de l'esprit public. Le clergé et la noblesse n'avaient pas marché; le clergé était toujours ambitieux, intolérant; la Noblesse ignorante, aveugle; l'un raisonnait les envahissemens, employant l'astuce ou la force; l'autre ne savait borner ni sa soumission envers le clergé, ni ses exigences envers la cour. Chaque règne, chaque session des Etats-Généraux, nous ont montré les mêmes résultats, les mêmes proportions de lumières entre les trois Ordres. Le Tiers-Etat s'avançait guidé par les connaissances modernes qu'il possédait à peu près seul. Là, tous les talens se pressaient, s'unissaient dans les mêmes désirs et les mêmes espérances. Chaque fois qu'il est assemblé, ses progrès sont sensibles; ils effraient aussi les gens de cette époque, qui, comme ceux de la nôtre, ne voyaient qu'une usurpation là où nous ne voyons aujourd'hui que la légitime reprise de droits, qui étaient dans la nature avant d'être écrits dans nos Codes. Mais c'est que le tiers-état étudiait, travaillait, se rendait nécessaire. Dans la magistrature comme à l'armée, ce qui était difficile tombait entre ses mains par l'incapacité de ceux qui, parce qu'ils avaient le droit, croyaient avoir les moyens de juger ou de commander. Le tiers-état voyant donc que par ses études il obtenait des avantages, dont sa position devait l'exclure, s'y livrait avec ardeur; tandis que, certains d'occuper des emplois qui leur étaient dévolus par leurs privilèges, ou qu'une commode survivance leur tenait en réserve, les deux Ordres ne prenaient pas la peine de s'instruire. Il arriva de ces diverses chances la conséquence nécessaire de l'asservissement momentané des deux Ordres à celui qui avait l'empire de la science, et qui bientôt acquit celui de la force. Aux Etats dont nous nous occupons, il disputa la victoire avec un acharnement tel que la puissance encore absolue du souverain pût seule faire cesser le combat; mais c'était une prévention de l'issue trop favorable, pour que le troisième Ordre se méprît sur ses avantages, et les deux autres sur leur faiblesse, s'ils n'avaient pas encore été plongés dans cette atmosphère de privilèges, qui dura deux siècles, avant de s'évanouir pour toujours devant les lumières et la philosophie modernes. Il était facile de prévoir que ce résultat était inévitable, d'après les pierres d'attente que posèrent les Etats de 1614 dans des remontrances qui donnèrent lieu à la grande et belle ordonnance de 1629 en 450 articles, dont plusieurs ont été adoptés, dit M. Henrion de Pansey, par les rédacteurs de notre Code civil, et font partie de ce bel ouvrage.

Dans ces remontrances, quelques articles auront pour nous le mérite des circonstances.

« Soit pareillement tenu pour loi fondamentale de l'Etat,
« qu'aucuns sujets de Votre Majesté, de quelque état et
« conditions qu'ils soient, ne peuvent avoir *ligue ou asso-*
« *ciation entre eux*, ni autres princes et seigneurs étran-
« gers, sinon du gré et consentement de Votre Majesté,
« et de quoi ils ne pourront être déchargés par aucune
« lettre de grace;

« Que pour la négligence de pourvoir par les archevê-
« ques et évêques sur les plaintes qui leur seront faites par
« les paroissiens des abus, défauts et manquemens de
« leurs curés, la connaissance en soit attribuée à vos juges
« pour les contraindre *par saisie du temporel* à l'exécution
« de ce qu'ils sont tenus par les édits et les ordonnances;

« Qu'aucun ne puisse tenir qu'une seule charge soit
« gouvernement, capitainerie, lieutenance ou autre, et
« que par l'impétration de la seconde, la première soit
« déclarée vacante et impétrable...;

« Que pour rétablir en son ancienne splendeur votre
« Conseil-d'Etat et privé, il vous plaise réduire à certain
« nombre modéré les conseillers d'icelui....; que votre

« conseil ne soit dorénavant occupé de causes et autres
« affaires qui gisent en juridiction contentieuse...., et
« qu'à l'avenir par évocation ou autrement, il ne puisse
« prendre connaissance de tels différends qui seront traités
« par-devant vos juges ordinaires, et par appel en vos
« parlemens ;

« Qu'aucun ne puisse être admis aux charges des villes,
« que par élection pure et sans brigue ; ne puissent les
« personnes ecclésiastiques y être élues ; et soit fait dé-
« fense aux gouverneurs, capitaines des provinces, villes,
« citadelles et châteaux ou leurs lieutenans, et à tous au-
« tres qui n'ont voix électives, de se trouver ès-lieux où
« se feront lesdites élections, ni de s'y entremettre direc-
« tement ou indirectement. »

Nous aurions pu, il y a peu de temps, nous pourrions
peut-être encore, adresser au Roi les mêmes demandes.
Une congrégation plus fanatique que la Ligue, et dont le
but serait devenu le même, parce que les mêmes passions
produisent les mêmes erreurs, menaçait de tout envahir
pour tout détruire. Les doctrines de l'ultramontanisme
ont encore trouvé des soutiens, et *l'indifférence* a été si-
gnalée plus encore peut-être que l'hérésie du temps de la
Ligue, à l'animadversion des hommes, et à la vengeance
de Dieu. Les abus ont été attaqués avec une énergie pleine
de raison et de lumières, et défendus avec des armes qui
n'ont pas changé depuis le cardinal Duperron. Enfin le
cumul des places, l'organisation et la juridiction constitutionnelles du Conseil-d'Etat, les offices municipaux sont
réclamés.... je me trompe, étaient réclamés par la juste
et sage prévoyance des Etats de 1614.

Ces Etats-Généraux furent les derniers ; la voix de la
France fut étouffée pendant cent soixante-quinze ans.

Le règne de Louis XIII, qui eut la seule gloire d'être
le fils de Henri IV et le père de Louis XIV, Richelieu,
Mazarin et la Fronde, Louis XIV, la Régence de licen-
cieuse mémoire, Louis XV enfin, passèrent sans que le
peuple fût consulté sur ses besoins. Mais durant ces époques de gloire et de revers, de guerres intestines et de
guerres étrangères, de luxe intérieur et de misère, de
despotisme et de lumières, de grandeurs et de faiblesses,
les sciences, les lettres, les arts prospérèrent, répandirent

( 48 )

leurs clartés sur tous , élevèrent des hommes par leur seule impulsion , et l'aristocratie des talens menaça déjà de subjuguer l'aristocratie de la naissance. Le Grand Roi lui-même rendit hommage à ces idées modernes , et s'inclinant devant elles , laissa parvenir Catinat et Vauban à la tête de ses armées , Massillon dans sa chapelle , et Molière à sa table. Le commerce déjà honoré dès long-temps , puisque Bajazet préféra la caution d'un simple banquier, Barthélemy Pellegrin , à celle de tous les princes que la victoire avait mis en son pouvoir à Nicopolis (1) , le commerce , dis-je , répandait partout les richesses et la civilisation ; par lui les peuples communiquaient comme les individus , calculaient leurs besoins , comparaient leur état , leur gouvernement , ce qu'il leur manquait , ce qu'ils avaient de trop , et *le crédit public* fut mesuré sur toutes les places de l'univers ; puissance nouvelle , source de tous les pouvoirs , devant laquelle Louis XIV courbait son imposante Majesté en se promenant dans les bosquets de Marly avec le juif Samuël Bernard , dont il implorait *le crédit.* Enfin la guerre d'Amérique vint sanctionner par le succès une pratique , dont les publicistes avaient expliqué la théorie. La France fut réveillée et réfléchit ; l'on éprouve en effet une singulière sensation , en promenant ses regards sur un pays où les utopies de quelques philosophes semblent parfaitement réalisées. Pour les cruautés que les Européens y avaient commises , le Nouveau-Monde nous rendit les préceptes et l'exemple d'une sage liberté. Dès lors ce mot magique retentit dans tout l'univers , fit palpiter tous les cœurs. A la nouvelle de la capitulation de lord Cornwallis , qui assurait la liberté de sa patrie , le vieux portier de la maison du congrès tomba mort de joie (2) ! Tel était déjà l'empire de ces idées , qui allaient s'élancer dans l'ancien monde , et y établir une liberté constitutionnelle *qui doit en faire le tour.*

La nécessité de remplacer la médiation des Parlemens, le système entier des finances , et enfin le désir, l'obligation de calmer les clameurs universelles sur les abus du gouvernement (3) , décidèrent , en 1789 , la convocation

(1) *Hist. de France* de Vely, 12ᵉ vol., pag. 244.
(2) *Voyage aux Etats-Unis* de miss Wright.
(3) De la révolution française , par Necker, 1797.

des États-généraux et, plus que tout cela, sans nul doute, le besoin d'une régénération complète. On sait l'histoire de cette assemblée célèbre ; on sait comment elle devint Assemblée Nationale, comment une nouvelle assemblée , sous le nom d'Assemblée Législative , se reproduisit elle-même en Convention..... A ce nom terrible sont réveillés les grands souvenirs d'anarchie et de despotisme, de terreur intérieure et de l'Europe vaincue, de sublimes créations et de lois de sang, d'améliorations et d'abîmes, de gloire enfin et de calamités.........; car les empires, dit Bossuet, meurent comme les rois.

Bientôt un homme apparaît qui impose silence aux factions, étouffe l'anarchie, mesure le degré de liberté qu'il peut laisser à la France, à peine échappée aux tempêtes ; et conservant dans son immense prévoyance le germe des institutions qui doivent compléter notre régénération, c'est à travers la gloire qu'il veut nous ramener, plus calmes et plus faits pour la comprendre, dans la voie d'une sage liberté: Mais ces projets, qui furent au-dessus de l'intelligence vulgaire, se heurtent contre des ignorans et des ingrats ; ils les font avorter. L'inexorable histoire dira comment fut détruit un monument auquel il ne manqua qu'une victoire de plus ; mais la fortune refuse cette dernière faveur, et l'aigle s'envole reprendre sa place dans les cieux......

A ce colosse de gloire et de puissance, qui eut peut-être le malheur de ne pas reposer assez solidement sur les lois, et d'être trop long-temps sourd aux gémissemens de la liberté, succède une ère nouvelle sous l'antique race de nos rois. Rapportant la gloire de la monarchie, adoptant celle de nos triomphes et les principes de notre régénération politique, les Bourbons remontent sur le trône : une charte est leur premier bienfait. Cette charte, comme ce signe qui, après les orages, se montre précurseur d'un temps plus serein, doit *lier tous les souvenirs à toutes les espérances en réunissant les temps anciens et les temps modernes* (1).

_______

(1) Préambule de la Charte.

# CHAPITRE II.

### DES MODIFICATIONS QUE LA CHARTE A SUBIES ET DES MODIFICATIONS QU'ELLE POURRA SUBIR.

Nous avons vu qu'à des époques sommairement déterminées par les Etats-Généraux , la France avait perfectionné de plus en plus son esprit public, et avançait sensiblement dans le chemin de la civilisation. Cette graduation pourrait même être mesurée, s'il ne valait mieux en adopter le principe et hâter à notre tour le mouvement de notre époque. Le gouvernement représentatif, cette belle conception qui est en quelque sorte une idée innée , dit un sage magistrat (1), est celui qui favorise le plus les développemens intérieurs , lorsqu'il n'est pas entravé par un ministère ennemi ou une représentation servile ; aussi la Charte, en le conservant à la France, n'a fait *que reconnaître un besoin réel, apprécier les effets du* PROGRÈS TOUJOURS CROISSANT DES LUMIÈRES , *et les rapports nouveaux que ces progrès ont introduits dans la société* (2).

Mais en admettant que le *progrès des lumières allait toujours croissant* , le devoir du législateur était de se préparer les moyens non-seulement de le suivre , mais de le diriger dans l'intérêt de la couronne et du pays. Sans une aussi sage prévoyance , la civilisation progressive devait laisser en arrière une Charte, qui ne pouvait plus la guider , et nous étions menacés d'abandonner cette ancre trop fixe de notre salut politique , et d'errer bientôt sans boussole , au risque de sombrer dans le gouffre de l'anarchie ou du déspotisme ; c'est ce qui serait arrivé , si les divers ministères que nous avons eus depuis 1814, ne s'étaient plus ou moins montrés les ennemis de notre système de gouvernement , ne s'étaient attachés avec force à en arrêter la marche, ne

(1) M. Henrion de Pansey.
(2) Préambule de la Charte.

l'avaient entravée par tous les moyens possibles, exhumés de leurs souvenirs ou suggérés par leurs passions *absolu tistes*. Mais si ces efforts ont ralenti la course du char de l'Etat, ils n'ont pu le faire revirer; toutes les forces humaines le tenteraient en vain; il a avancé lentement, il est vrai, mais il a vaincu les obstacles les plus insurmontables, les lois mêmes les plus ennemies, et, entraîné par la seule impulsion de l'opinion publique, il a fourni cette carrière longue, difficile, pénible. Il est enfin arrivé au point d'où aujourd'hui il doit être lancé, sans être retenu que par la modération, la justice, l'intérêt du trône et des sujets et le bien de tous.

Si donc étaient lentes les améliorations introduites dans le gouvernement même par l'esprit public, qui sut s'affranchir de l'influence ministérielle si destructive; néanmoins elles étaient évidentes, palpables : le triomphe électoral de 1827 en a été la preuve et le complément. Malgré le ministère, un mouvement a donc eu lieu, mais faiblement; car nous n'avons encore que rompu les entraves qui nous retenaient, les chaînes de préjugés qui nous barraient le chemin, nous n'avons qu'écarté les hommes aux idées rétrogrades. Mais si cette victoire a été long-temps disputée, elle est aujourd'hui complète. Puissions-nous en savoir profiter ! puissions-nous ne pas nous endormir dans les délices du triomphe, et que les vaincus ne mettent pas impunément à prix le champ sur lequel nous nous reposons peut-être trop long-temps !

Du choc d'un esprit public qui n'était pas écouté et des répugnances ministérielles qu'il combattait en vain, il est résulté que la Charte a subi des modifications de deux espèces. Les unes analogues au temps, aux mœurs, aux besoins de l'époque ; remportées avec peine, fruit d'une persévérance fatigante, qu'aurait épargnée au pays la franchise des gouvernans, elles sont en petit nombre : les autres, ouvrage de ministres qui devaient l'existence à l'engagement de saper nos institutions constitutionnelles, tendaient à tout détruire, à tout gâter en faussant les principes et corrompant la société. Ces changemens étaient négatifs pour le bien public, puisqu'ils venaient étayer un édifice ministériel, élevé contre l'opinion et les intérêts du plus grand nombre et que la dernière chambre, complice d'un homme qui la devait entraîner dans sa chute, sanctionnait ces essais de destruction, ces essais de retour vers un ordre de choses qui n'aurait sans doute pas duré, mais qui aurait compromis notre vie politique et retardé les développemens de la civilisation. Les imprudens, qui nous fourvoyaient, seraient devenus les premières victimes; car la pente vers le mal est rapide, et, pour y placer une borne, il faut une main puissante de toute la force de l'opinion publique: l'on a vu comment elle s'est prononcée dans la cause de ces déplorables ministres.

La Charte, en la prenant telle qu'elle est, puisque notre but n'est pas de la discuter, renferme quelques articles qui sont fixes, immuables, au-dessus des opinions comme des révolutions humaines; ils sont le corollaire des lois de la nature; ils seront bons partout et toujours. Les vérités qu'ils renferment ne vieilliront pas; elles seules sont respectées par le temps, et c'est dans l'orbite tracé par les principes qui dérivent de ces vérités, que doivent se mouvoir éternellement le monde moral comme le monde politique. Mais il est des articles dans la Charte qui sont d'une autre espèce : nés avec les besoins des peuples, enfans des lumières modernes, ils sont destinés à grandir avec elles et à ne pas renier leur origine dans un repos, qui est une mort inévitable. S'ils doivent être assez forts pour résister aux secousses des factions, ils doivent aussi être pénétrables à l'influence progressive de la civilisation, qui, semblable à la sève bienfaisante, les nourrit peu à peu, leur inculque une vie nouvelle, et les rend aptes, dans toutes les saisons politiques, à porter les fruits que réclament des besoins toujours nouveaux, des lumières toujours croissantes. C'est ce que sentit le Législateur, instruit par une expérience qu'avaient repoussée la plupart des hommes qui furent appelés à la confection de notre pacte fondamental. Après une tempête qui suivit de bien près le calme de 1814, il fut avoué que *le Gouvernement avait fait des fautes;* noble aveu d'une franchise dont on sut empêcher les effets ! Mais il fallait réparer ces fautes. La leçon avait été sévère; la négliger eût été en encourir une nouvelle. Aussi Louis XVIII, revêtu de nouveau de toute la plénitude de la puissance royale, avait-il jugé convenable *d'ajouter à la Charte toutes les garanties qui peuvent en assurer le bienfait* (1) ; preuve certaine que ce Prince avait compris qu'il manquait à la Charte, son plus beau titre et notre plus précieuse garantie, un grand nombre de conditions pour consolider le bonheur du pays et la gloire du Monarque, qui allait régner par elle. L'effet suivit de près cette promesse : dès le 13 juillet 1815 parut l'ordonnance qui la devait accomplir. Non-seulement *les articles* 16, 25, 35, 36, 37, 38, 39, 40, 41, 42, 43, 44, *45 et 46 de la Charte sont soumis à la révision du pouvoir législatif dans la prochaine session des Chambres*, par cette ordonnance (2), qui fut comme l'éclair qui annonce un long orage et dont *le bienfait* précéda les réactions de 1815, et ne put les prévenir ; mais encore *pensant qu'il était de la justice de faire jouir, dès à présent, la nation des avantages qu'elle doit recueillir d'une représentation plus nombreuse et moins restreinte dans les conditions d'éligibilité* (3) ; l'article 10 de cette même ordonnance n'attendait pas la décision invoquée du pouvoir législatif, et détruisant une portion de l'article 38 de la Charte, disait positivement : *Les Députés pourront être élus à* VINGT-CINQ ANS.

C'est sous l'influence de cette législation que fut convoquée la fameuse chambre de 1815. Mais les passions produites par les dissensions politiques, par le réveil de certains hommes qui se crurent encore en 1788, par leurs nouvelles ambitions et la juste résistance qu'elles éprouvèrent, détruisirent le bien qu'était destinée à produire une précoce amélioration. Le pouvoir royal, effrayé d'une exaltation qui le débordait, brisa l'instrument qui devait tant contribuer à le rendre populaire. L'ordonnance du 5 septembre, à l'opportunité de laquelle il faut rendre hommage, mais dont on pourrait contester la légalité, vint calmer la juste terreur des amis de l'ordre et de la monarchie, mais étouffer les jeunes espérances. C'est elle qui, sauvant la France d'un péril imminent, la replongea dans toutes les difficultés d'un avenir irrévocable, contre lequel néanmoins n'a pas inutilement protesté *le progrès toujours crois-*

---

(1) Déclaration de Cambrai, 28 juin 1815.
(2) Article 11.
(3) Préambule de l'ordonnance du 13 juillet.

*sant des lumières*, que le préambule seul de la Charte avait sagement prévu.

Ainsi, depuis 1815, *la leçon de l'expérience* avait appris que l'âge de l'éligibilité était trop reculé ; qu'à vingt-cinq ans, un Français était capable de discuter les affaires publiques, et cette expérience, la science, dit-on, de la seule vieillesse, appelait elle-même les jeunes hommes à son aide. Nous verrons plus tard que si la couronne fut épouvantée par la Chambre de 1815, ce n'est pas la jeunesse, qui cependant fut seule punie, que la justice royale devait atteindre.

Depuis que l'ordonnance du 5 septembre a interdit tout espoir légal de modifier la Charte, nous n'en avons pas moins vu quelques améliorations s'introduire par cette force irrésistible, née du gouvernement représentatif lui-même. La condition de son existence est de marcher avec *le progrès toujours croissant des lumières*, on ne saurait trop le répéter ; la Charte elle-même en offre la preuve la plus puissante, puisqu'elle est l'hommage éclatant des siècles passés au siècle actuel. C'est ainsi que, corollaires de l'article 8 de la Charte, plusieurs lois de la presse, de moins en moins coercitives, ont successivement diminué les entraves que les terreurs ministérielles lui avaient imposées, et qu'il nous reste peu de chose à obtenir pour la posséder entière. C'est ainsi que l'article 12, qui abolit la conscription, s'est trouvé renfermer une promesse vaine, puisque la loi de recrutement, loi sage, loi vraiment nationale, repose sur les bases mêmes de la conscription, mais dépouillées de tout ce que le malheur des temps et le besoin d'hommes lui avaient imprimé d'acerbe et d'odieux. L'article 36 a été totalement abrogé, puisqu'au lieu de 262 Députés, la simple ordonnance du 13 juillet en porta le nombre à 395, et qu'aujourd'hui il y en a 430. L'article 37, expliqué par l'article transitoire 76, trop clairement pour laisser le moindre doute sur l'inconstitutionnalité de la loi septennale, a été détruit par cette prorogation de pouvoirs ; mais aussi la septennalité fut votée par des hommes à qui un ministre pouvait dire impunément *qu'il fallait faire la guerre en Espagne, de crainte d'avoir à la soutenir au Nord!!!* L'article 46 n'a jamais été exécuté, et n'a jamais pu l'être. A la dernière session, l'amendement de M. Du Meylet, excellent par lui-même, exprimant un nouveau besoin de l'époque, une demande générale, un développement constitutionnel ; destiné à jeter une plus grande lumière sur l'emploi des fonds publics, dont le contribuable doit, comme en Angleterre, pouvoir suivre pas à pas la marche, depuis sa poche jusqu'à l'emploi légal ; cet amendement, dis-je, a peut-être montré qu'à côté de l'usage pouvait se trouver l'abus, et sans doute une loi viendra qui réglera la matière.

Nous voyons que peu des articles de la Charte compris dans ceux qui, malgré toutes les répugnances, sont soumis au temps, ont résisté à son action. Cette amélioration a été lente, parce qu'elle était contraire aux vues et aux projets de nos gouvernans depuis 1815 ; la vie ministérielle était en cause, puisque le flambeau de la civilisation aurait fait disparaître l'obscurité, à la faveur de laquelle se mouvaient leur suffisance et leur nullité. Ces Ajax demandaient les ténèbres pour combattre et gouverner ; ils firent jusqu'aux derniers efforts pour défendre leur pernicieuse existence. Nous avons vu naguère un ministère, le dernier sans doute de ceux dont la France était destinée à subir le joug ignominieux, immoler pour ainsi dire l'Etat à une agonie de quelques jours, offrir la Chambre des Pairs en holocauste, et n'expirer que du triomphe menaçant d'une opposition royaliste et libérale. Les modifications, introduites dans notre pacte fondamental, nous fournissent une leçon dont il faut savoir profiter. C'est qu'un gouvernement sage ne doit jamais se laisser dépasser, se laisser prendre au dépourvu. Mesurant les temps avec le coup-d'œil de la prudence et de la sagesse, c'est de lui que doivent venir les excitations, c'est à lui que l'on doit être obligé de reporter le mérite du bien devenu mieux. Ce n'est pas tout que de gouverner, il faut gouverner à propos ; l'ordonnance doit arriver à point nommé, à heure fixe. C'est la herse que l'on abaisse ou que l'on élève, suivant les rapports des environs de la citadelle. Sentinelles vigilantes, jamais les ministres ne doivent ignorer l'état du pays ; c'est leur règle, leur but, leur devoir.

Jusqu'ici nous avons essayé de marcher, mais sous la

conduite de guides qui voulaient nous égarer ; nous avions à faire volte-face partout, à vaincre de tous côtés, à repousser sans cesse de vieilles idées, de gothiques prétentions. Une entrave que l'ancien régime eut méprisée, nous occupait un siècle, consumait nos forces ; pourtant le gouvernement de l'ancien régime était plus faible que le nôtre, parce qu'une autorité sans limites est une autorité sans appui, et que le gouvernement constitutionnel est étayé sur les intérêts de tous. Là, tous les bras travaillent et toutes les têtes pensent. Comme chacun a sa part plus ou moins active dans l'ordre de la machine publique, chacun est obligé de songer à sa position, de juger celle des autres, et l'opinion publique se forme rapidement. Elle est pour les ministres le produit de cette machine qu'ils dirigent, et ils doivent par les qualités du produit apprécier leur habileté ou leur insuffisance. Celle-ci n'est pas douteuse, si l'opinion s'établit sans eux, si elle les abandonne, si elle les condamne ; elle est toute-puissante, et à peu d'instans de sursis ou de grace, il faut subir l'irrévocable arrêt qu'elle a prononcé. Mais en s'étudiant à diriger dans le sens direct, dans le sens *du progrès toujours croissant des lumières*, l'opinion, qui ne demande qu'à marcher droit sans violences et sans secousses ; en s'appuyant franchement sur les bases du code constitutionnel, qui ne doivent jamais être modifiées, pour faire avancer les élémens de ce code destinés à être soumis au mouvement, alors les majorités viennent au ministère sans marchander leur adhésion ; le pays est tout entier ministériel, et la nationalité absout ce titre. Si quelques voix osent encore élever des doutes, pousser des cris de regrets ou des espérances coupables, la France n'est plus émue de leurs sinistres prédictions, et la tranquillité publique en fait justice. Ce n'est plus, dit Mirabeau, que la fièvre qui accuse le pouls de la fréquence et de la variété de ses pulsations.

Le moyen de se soumettre ainsi à l'influence vitale de l'opinion publique, la Charte, dans l'article 37, et plus encore l'ordonnance du 13 juillet, l'avaient indiqué. C'était l'introduction annuelle de nouveaux députés dans la Chambre ; c'était le changement de l'âge de l'éligibilité. La preuve la plus convaincante peut-être que ce moyen était efficace, c'est que tous les ministères qui ont succédé à celui de M. le duc Decazes, se sont bien gardés, dans leur tendance absolutiste et destructive, de revenir sur l'ordonnance du 5 septembre, qui fut un bienfait, qui sauva la monarchie, mais qui sacrifia au présent un immense avenir. Non pas que nous prétendions inculper les vues du ministre qui n'avait pas d'autre moyen d'arracher à l'abîme le vaisseau de l'Etat; le péril exigeait un prompt secours, un violent remède, et s'il dépassa les bornes de la prudence, M. Decazes peut monter au Capitole et rendre graces aux dieux. Ce qui prouve encore la sagesse de l'article 37 et la prévoyance de l'ordonnance du 13 juillet, c'est qu'un ministre, un des premiers frappés par celle du 5 septembre, conçut le projet de faire plus encore que de détruire l'ordonnance pleine d'avenir du 13 juillet, s'il arrivait un jour au pouvoir. Aussi nous l'avons vu, sous le vain prétexte de travailler plus tranquillement au bien de l'Etat, mais, dans la réalité, pour assurer sa fortune, pour détruire nos libertés, pour réédifier un régime qui serait ridicule s'il n'était aussi dangereux, pour nous soumettre à une théocratie proscrite, à des spéculations désastreuses ; nous l'avons vu, dis-je, commencer par détruire l'article 37 et fermer ainsi la porte à la manifestation de l'opinion publique et à la vérité, à laquelle une monstrueuse censure ne laissa bientôt plus d'issues. Mais M. de Villèle savait que l'opinion publique, refoulée pendant sept années, éclaterait avec une violence telle qu'il ne pourrait plus la contenir : aussi, travaillant sans relâche à la dénaturer et à la corrompre, il crut en avoir assez séduit les organes pour obtenir, avant terme, un nouveau bail de sa funeste puissance et éviter ainsi l'année que *ses prévisions* redoutaient. Son aveuglement le trompa : au lieu d'un insensible changement dans l'opinion de la Chambre, qui lui eût permis peut-être d'ouvrir les yeux sur l'abîme qu'il creusait, de se défendre contre une influence jésuitique qui allait le dominer, de conserver un pouvoir pour lequel il n'aurait eu que le sacrifice, faible pour un ambitieux, de modifier ses idées, une explosion générale eut lieu, et le moyen que M. de Villèle avait conçu pour la durée de sa vie ministérielle, fut celui qui précisément la lui enleva. Cela me rappelle qu'Enguerrand de Marigny, surintendant des finances, est le premier qui fut pendu au gibet de Montfaucon, qu'il avait fait élever lui-même (1).

L'ardeur avec laquelle l'article 37 de la Charte a été détruit, et l'abandon de cette ordonnance du 13 juillet, sous l'empire de laquelle jamais la septennalité n'eût été imposée, prouvent toute l'importance attachée aux principes du renouvellement partiel et annuel de la chambre et *aux conditions d'éligibilité moins restreintes,* par les hommes qui voudraient anéantir le gouvernement constitutionnel. C'est là en effet qu'il repose tout entier, puisque c'est là que l'on doit puiser l'expression de la majorité, qui ne se trouve nulle part ailleurs, et que le gouvernement représentatif étant le gouvernement de la majorité, la minorité lui sera long-temps encore ennemie : habituée à régner sur la majorité, il lui paraît injuste de descendre au second rôle. A la vérité, cette minorité diminuera tous les jours, à mesure que l'instruction pénétrera dans les classes élevées et que la tribune apprendra aux familles patriciennes qu'il ne suffit plus d'un nom pour arriver au pouvoir. Aussi, lorsque, dans un dernier effort pour défendre un ministre qui avait souillé son manteau de pair par la livrée de la censure, M. de Bonald recherche les causes de l'opposition (2) dans le gouvernement représentatif, il va se perdre dans des abstractions, tandis que les causes naturelles sont si simples et si naturelles. Mais l'époque actuelle a démérité de cet écrivain, qui tourne le dos à notre siècle ; c'est qu'elle l'a laissé loin en arrière, et que si elle l'écoute encore, ce n'est plus que comme l'antique et lointain écho d'un âge qu'elle ne connaît que par tradition.

Nos progrès dans la voie de la civilisation ne sont donc pas bien grands, si nous en jugeons par les améliorations introduites dans le système du gouvernement ; mais ils sont immenses si nous calculons la force des obstacles que nous avons renversés, et qui l'obstruaient. Nous sommes, comme en 1814, au point de départ, à l'origine du mouvement ; mais rien ne s'oppose fortement à notre marche ; la route est à peu près libre ; alors elle était impraticable.

(1) Mézerai, vol. II, pag. 354.

(2) De l'opposition dans le gouvernement, etc., par le vicomte de Bonald, pair de France, 1827.

Les passions sont calmées, les résistances sont détruites ; la couronne, plus affermie, est en dehors de nos discussions, et ne reçoit que des hommages ; le pouvoir électoral est irrévocablement acquis à la nouvelle génération : la majorité de la Chambre est royaliste constitutionnelle ; hâtons-nous donc de rapporter dans notre système de gouvernement les modifications de nos idées, dues au temps, *au progrès toujours croissant des lumières*, et au développement de toutes les industries. Ces modifications avaient été sagement prévues dans l'ordonnance du 13 juillet. Si, depuis, le législateur jugea que les temps n'étaient pas venus de nous *en continuer le bienfait* au milieu des erreurs et des calamités de cette époque, aujourd'hui ils sont accomplis. Nous devons couper le câble enfin ; depuis assez long-temps l'équipage a acquis l'expérience nécessaire pour braver la tempête, et d'ailleurs le soleil levant semble promettre un ciel calme et une mer paisible.

Pour soustraire les Chambres à l'influence de l'opinion publique, nous avons vu que la septennalité avait été employée et les promesses du 13 juillet laissées dans l'oubli. Ce séquestre nous indique ce que réclame cette même opinion : c'est de le détruire ; c'est de rendre plus immédiat, plus facile, plus fréquent, le contact du Député et des mandataires, de l'organe et de ceux pour lesquels il doit agir et parler : c'est de se servir de cette ordonnance du 13 juillet, complément constitutionnel de la Charte, pour en modifier l'article 38 ; c'est d'appeler à la députation les hommes jeunes, sinon de cet âge de vingt-cinq ans, jugé convenable par *la leçon de l'expérience* dont Louis XVIII profita, mais au moins de trente ans.

J'entends déjà les cris de terreur, de révolution, d'anarchie, qui sont poussés à la seule idée d'une innovation, que Louis XVIII avait pourtant appelée plus complète encore, puisqu'il osa confier ses destinées à des hommes de vingt-cinq ans. Mais sans nous laisser détourner par des clameurs ridicules ou effrayer par des présages insensés, qui ne sont plus, pour l'homme raisonnable, que les oracles d'un fanatisme qui ne trouve plus de croyance, cherchons quels seraient les avantages constitutionnels d'une telle amélioration, pour la couronne, pour le pays et pour les libertés publiques.

# CHAPITRE III.

DES ÉLIGIBLES AU-DESSUS ET AU-DESSOUS DE QUARANTE ANS.
— CHANCES DE CEUX-CI POUR ÊTRE NOMMÉS DÉPUTÉS.

Si la proposition *de moins restreindre les conditions de l'é-
ligibilité* ne venait d'une source auguste , sans doute que
les anathèmes de toute espèce seraient prodigués à l'homme
assez téméraire pour la mettre en avant , par les ennemis
de l'éligibilité, même telle qu'elle est. Les uns, devançant
un avenir qu'ils n'ont pas pris la peine de scruter, ver-
raient une Chambre totalement composée de Députés de
trente ans, ardente, impétueuse, renversant toutes les lois,
confondant toutes les idées , et conduisant l'Etat au bord
du précipice ; les autres , plus tremblans parce qu'ils ont
été plus exaltés, se représenteraient la jeune Chambre ap-
pelant l'anarchie, la révolte, la république , les massacres,
que sais-je? ou bien , une torche à la main , mettant partout le feu, poussant peut-être des brandons jusqu'au
trône........ Qui peut dire où s'arrêteraient ces spectres,
ces fantômes de leur effroi ? L'ombre royale serait-elle
épargnée dans leur prophétique terreur? Nous n'en serions
certainement pas quittes pour une révolution plus terrible,
plus sanglante que celle qu'à la vérité la jeunesse n'a pas
vue, mais dont elle conspire évidemment le funeste retour, comme le prouvent invinciblement son amour pour
l'étude, son respect pour la religion et les lois , sa défé-
rence pour les maîtres qui l'instruisent, mais surtout son
enthousiasme pour les libertés publiques et pour les Députés qui les défendent.

Ce n'est pas au jugement d'hommes capables de pareilles
idées qu'il faut en appeler ; ce n'est pas d'eux que
Louis XVIII voulait parler lorsqu'il *reconnaissait le vœu de
la nation* , dont ils forment heureusement la minime partie.

Le vœu de ces hommes qui tiennent à honneur de n'a-
voir rien appris depuis quinze ans , de n'avoir pas écouté

*la leçon de l'expérience*, qu'une royale sagesse osait cependant avouer ; leur vœu , dis-je , ne sera jamais que celui de l'égoïsme ou de l'ignorance ; ennemis de nos institutions , ils doivent trembler de les voir améliorer. Mais sans écouter davantage ces voix hostiles , poursuivons la cause de la civilisation au seul tribunal de la sagesse et de l'opinion publiques. C'est là qu'elle se traite avec la maturité convenable , avec la science nécessaire ; c'est là que se discutent avec calme et prudence toutes les questions de l'ordre social , celles surtout qui intéressent la jeunesse ; des hommes jeunes seuls dépendent et nos destinées et l'avenir de la France.

Si Louis XVIII a pu dire , en 1815 , que le vœu *bien connu* de ses sujets était pour la modification des conditions d'éligibilité , à plus forte raison pouvons-nous le prétendre aujourd'hui ; ce n'est plus seulement un vœu , c'est un besoin réel , une impérieuse nécessité de notre bien-être. Depuis quinze ans , le gouvernement constitutionnel a jeté de plus profondes racines , s'est fortifié de l'appui de tous les hommes sages , et la tombe lui a été d'un grand secours, en s'ouvrant pour ses ennemis les plus opiniâtres. Les générations qui arrivent , nées avec lui , donnent à son introduction en France la même date qu'à leur existence ; l'une et l'autre se trouvent confondues dans les mêmes souvenirs, dans les mêmes affections. Aussi le besoin de coopérer à un gouvernement sous lequel ils naissent et doivent mourir, a fait de bonne heure sentir aux *hommes jeunes* (1) toute l'importance d'études qui peuvent seules leur faire monter les degrés de la tribune législative. Les hommes jeunes ou ceux qui partagent leurs opinions , leurs vues , leurs travaux , leurs progrès , formeront dans peu à la Chambre , comme dans la nation , une majorité éclairée, qui, comprenant mieux les intérêts inséparables de la Couronne et du pays , ne les soumettra plus aux influences des passions particulières ni à l'instabilité des volontés ministérielles. Ces majorités qui s'avancent , et dont il faudra subir la direction , ayant un but certain ,

_________

(1) En indiquant ainsi les hommes qui sont actuellement entre trente et cinquante ans, et l'époque n'est peut-être pas bien éloignée où la vie politique commencera en France aussitôt qu'en Angleterre et aux Etats-Unis.

invariable, ne se laisseront plus égarer par des systèmes ou des promesses ; c'est la réalité du bonheur de tous qu'elles voudront obtenir, et comme elles seront trop habiles pour être séduites par des sophismes ou trop constitutionnelles pour se laisser corrompre, nous ne serons plus affligés du spectacle d'une Chambre divorcée avec l'opinion, et tout entière livrée aux caprices d'un pouvoir destructeur. Dans ce dernier cas, le despotisme serait préférable ; le pire de tous les gouvernemens est sans nul doute le gouvernement représentatif, avec des chambres vendues et un ministère antinational; mais nous ne pouvons plus avoir de pareilles craintes. Les élections de 1827 les ont dissipées chez les hommes même dont la prévoyance était encore alarmée, et l'attitude de la Chambre en assure impossible le retour. Cette attitude est remarquable en ce que les hommes qui appartiennent aux antiques idées, sont dans une position plus en évidence par la comparaison avec les Députés qui sont l'expression, comme les mandataires, de la civilisation. Dans la dernière Chambre, cela était moins sensible, parce que la majorité tenait une trop grande partie du tableau, et que les dix-sept Députés contraires, quelle que fût leur taille, étaient comme ensevelis dans la multitude. Mais aujourd'hui cela est différent; les deux opinions sont en présence avec un nombre pareil de défenseurs, et si les forces ne sont pas égales, puisque les unes s'accroissent de l'inévitable diminution des autres, néanmoins le combat est engagé et soutenu ; les chefs sont obligés de se montrer avec leurs seules lumières, avec leur mérite personnel, avec leurs projets et leurs espérances : tout pour eux dépend de l'issue ; c'est un combat à mort pour les anciennes théories. Elles pourront se défendre encore, reculer le moment où elles n'existeront plus que dans notre histoire parlementaire; mais la civilisation a, dans la faux du temps, un auxiliaire trop redoutable, et sa victoire est certaine ; ces vieux erremens descendront dans l'oubli, en même temps que les hommes qui les soutiennent. Cette lutte nous fait voir la différence que l'on peut établir entre les Députés, entre la sagesse des opinions qu'ils représentent, entre la manière dont ils conçoivent, excitent ou maudissent *ce progrès toujours croissant des lumières,* l'espoir des uns, et le perpétuel épouvantail des autres.

Examinez à la Chambre des Députés ceux que nous pouvons appeler hommes d'autrefois, et ceux qui, par leurs lumières plus encore que par leur âge, sont en rapport avec les nouvelles générations. Voyez à la tribune cet orateur qui parle avec acrimonie, avec violence. Hier encore, Séide de M. de Villèle, il sapait la Charte avec toute l'impétuosité méridionale, et ne voulait de libertés que celles qui le conduisirent au partage du pouvoir. Aujourd'hui son rôle a changé ; le banc des Ministres est muet d'applaudissemens pour ses déclamations ; il n'y voit assis que des juges ; et les encouragemens de quelques vieux amis ne le peuvent rassurer : il se trouble, en invoquant la Charte et des principes si nouveaux dans sa bouche ; il discute alors avec passion, il s'emporte, il ne se connaît plus ; et le Président de la Chambre, en le rappelant sévèrement à l'ordre, lui enseigne que celui-là est coupable d'un sacrilège constitutionnel, qui ose supposer des ennemis au Roi. Ainsi déclamer est le langage des passions ; pour les soulever, il ne faut pas avoir de connaissances réelles ; il suffit à la médiocrité, à l'ignorance même, de l'étalage de quelques mots de convention, de ces cris de ralliement ou de haine, qui furent toujours le signal de funestes événemens, l'indice de quelque complot contre nos libertés. Alors les délibérations sont décidées avant l'examen, les lois ne sont plus que l'instrument de victoire du plus fort. La volonté générale méconnue, les intérêts du pays écartés, doivent céder à la volonté et aux intérêts des chefs d'une faction ; et la majorité de quelques hommes tient sous le joug la majorité de tout un peuple. Les lois ainsi enlevées portent heureusement avec elles le germe de leur destruction, parce que la violence n'a qu'un temps et que la raison brille enfin sur les ruines des partis. Les cinq ou six lois sur la presse, les lois sur les élections et mille autres, sont un exemple et furent une leçon inutile. Quelque aveuglé que fût le pouvoir aux époques où ces lois ont été rendues, il se sentait, avec un impuissant regret, obligé de concéder quelque chose à l'opinion publique ; ses efforts pour l'arrêter étaient vains ; elle marchait à grands pas. Inhabile à la diriger, le pouvoir dut se résoudre à la suivre, malgré le peu de dignité de la position : aussi lui a-t-on rarement accordé le mérite de quelques mesures qui, de loin en loin, venaient nous consoler et attiédir le volcan prêt à s'élancer : ces concessions semblaient imposées, et l'on ne sait jamais gré de la faiblesse.

Depuis la loi de censure, jusqu'à la loi de la presse de 1828 ; depuis les dénégations sur l'existence des Jésuites, jusqu'aux ordonnances du 16 juin ; depuis la honte des flatteries au Pacha d'Egypte et de l'inhumanité envers les Grecs, jusqu'à l'expédition de Morée, mesurez le chemin que la seule impulsion de l'opinion publique a fait parcourir à la France, quoique entravée par un ministère de déloyale mémoire, et par une congrégation qui nous enlaçait déjà de ses terribles replis. Les obstacles ont été surmontés, l'opinion publique en a fait justice et s'est levée triomphante. Les hommes jeunes, ceux qui arrivent à l'exercice de leurs droits politiques, comme ceux qui en jouissent depuis ces époques malheureuses, forment cette opinion publique, lui donnent leur énergie, la soutiennent par leurs lumières et la rendent populaire par des discours clairs, précis, à la portée de tous, parce qu'ils sont l'œuvre de gens instruits. Avec de pareils discours, les discussions sont calmes ; la raison, en effet, et les lumières repoussent les passions, et l'homme qui traite un sujet familier à ses méditations, n'a nul besoin d'appeler les bruyans applaudissemens de ses amis au secours du vide de ses idées.

Mais examinez à la Chambre les Députés qui appartiennent aux nouvelles générations : quelles vues, quelles lumières, quel calme dans leurs discours ! Que M. Casimir Perrier traite une question de finances ; que M. Sébastiani donne à la droite une leçon de géographie politique ou de salutaires conseils aux Ministres ; que M. Dupin discute les appels comme d'abus ou les lettres de grande naturalisation ; que Thénard vous éclaire sur la refonte des vieilles monnaies, et soit réduit à prévenir que ce qu'il dit n'est pas nouveau dans la science ; ou qu'il vous montre, sous toutes ses faces, la question des poudres et salpêtres, que vous n'aviez pas même soupçonnée depuis quatorze ans qu'elle est au budjet ; que vingt honorables Députés ne montent jamais à la tribune que pour ramener l'ordre dans la discussion, sans cesse déviée par les acrimonies de l'amour-propre honteux ou les naïvetés de l'ignorance, vous appréciez alors combien l'homme instruit a d'avantages sur celui qui n'est qu'exalté : vous jugez les Députés, non plus d'après l'exagération de leurs opinions, mais d'après le bien qu'ils produisent, même aussi d'après la manière sage dont ils le produisent, et vous vous enorgueillissez du calme solennel qui préside à ces grands intérêts; l'attention n'est plus détournée, fatiguée, accablée par ces clameurs qui n'ont jamais rien prouvé que la tyrannie du plus fort, et la gravité des délibérations entoure les lois d'un prestige nouveau.

Mais pour avoir des Députés instruits, capables de discuter avec talent, reconnaissons-le, quelque pénible que soit cet aveu pour certaines prétentions, c'est parmi les jeunes hommes qu'il les faut choisir. Avec le système électoral actuel, la première année de la candidature est la 43e 1[2 de la vie : la mission étant septennale, c'est accorder beaucoup que la probabilité de la solliciter quatre fois; c'est promettre soixante-douze ans. Ainsi l'âge moyen d'un Député actuel est de cinquante-sept ans. En général, arrivés à cette époque de la vie, les hommes cherchent le repos; les facultés qui s'affaiblissent ne leur laissent plus assez d'énergie pour se soumettre, sans espoir de compensation, aux désagrémens de longs voyages et de dispendieux déplacemens; à cinquante-sept ans, l'homme veut se préparer une vie exempte des soucis et des travaux qui n'ont pas un résultat positif, matériel, pour l'arrangement de ses derniers jours. A cet âge les séductions du pouvoir agissent avec plus de danger, le chef d'une famille est responsable de tant d'intérêts! Au lieu de l'indignation généreuse qu'elles provoqueraient chez la jeunesse, dont le cœur est encore ennobli par la culture de l'esprit; au lieu d'une abnégation qui ne voit que la gloire pour récompense de sacrifices toujours prêts; au lieu de cette tempérance qui ne répondrait aux offres d'un ministre corrupteur que par *le gigot qui lui suffit*; la vieillesse ose peser, balancer les avantages d'une improbité politique; calcul déjà coupable, déjà funeste à l'indépendance de la tribune et à l'intérêt de la couronne; hésiter en effet est déjà succomber; il n'y a plus alors que les conditions à discuter et les intérêts généraux n'entrent pour rien dans le marché.

En vain le prestige d'une expérience salutaire vient-il s'opposer à cet envahissement *dénaturé* des droits des vieillards : ce prestige disparaîtra, comme bien d'autres, devant les preuves d'une raison éclairée et impartiale. Il n'en est pas de l'esprit humain comme des plateaux d'une balance ; dès que l'âge fait pencher l'un, il ne se relève plus, et l'expérience est d'un inutile secours. Que dire, en effet, d'une faculté, d'une science qui s'acquiert lorsque les facultés s'éteignent, que les sciences sont oubliées et que le froid des ans vient glacer chaque jour une portion de l'énergie virile, plus nécessaire peut-être pour soutenir les combats de la tribune que pour braver les fatigues de la guerre. Si par le mot expérience on entend la science qui résulte de la comparaison des faits, de la sage prévoyance de l'avenir fondée sur l'observation du passé ; de la mémoire des événemens et de leur application aux événemens actuels ; du froid calcul des intérêts des Rois et des peuples, qui résiste également aux prétentions séduisantes de la couronne et aux tumultueuses exigences des sujets, certes on conçoit que les études auxquelles se livre la jeunesse, avec une ardeur qui n'est plus séditieuse, doivent lui donner, en cela comme dans les autres sciences, une incontestable supériorité. Ne jugeons pas les hommes jeunes de nos jours d'après les hommes jeunes d'autrefois. Ce n'est plus avec de la *finance* que l'on achète le droit de siéger sur les fleurs de lis ou l'honneur de commander une compagnie de grenadiers. Il faut de longues études, il faut avoir prouvé le fruit que l'on en a retiré ; le premier pas est déjà une victoire. Ce n'est que par de nouveaux succès qu'un nouvel avancement est obtenu ; il est injuste, s'il ne récompense que la faveur, il est même funeste ; car souvent cette faveur ne sert qu'à montrer l'impuissance du protégé et la préférence irréfléchie ou coupable du protecteur. Aujourd'hui la jeunesse se lève aussi à l'entrée d'un vieillard, mais elle n'accorde la science de l'expérience qu'à de longues et profondes études. Les cheveux blancs impriment le respect sans doute ; mais ils ne commandent plus une aveugle confiance ; le mérite seul aurait le droit de l'obtenir, et le mérite n'est pas en raison du nombre d'années. Quel est le vieillard qui oserait monter dans la chaire des Villemain, des Cousin, des

Arago , des Gay-Lussac? Et pourtant ces hommes , l'honneur de la France et les premiers savans de l'Europe, sont repoussés par la barrière des quarante ans d'une tribune qui serait encore pour eux la chaire d'où ils éclaireraient la Chambre par des discussions après lesquelles le ministère ou la majorité n'auraient plus d'excuses à présenter à la France. Il est aussi d'autres hommes qui, pour être moins remarquables , ne rendraient pas des services moins importans à la Chambre : dans l'armée, dans l'administration, dans les tribunaux (1), il en est une foule d'instruits qui jetteraient la lumière sur les questions en rapport avec leurs études accoutumées , et souvent la médiocrité prête plus d'attention aux avis de collègues d'un mérite ordinaire, qu'aux discours de savans illustres qui, du haut de leur supériorité , semblent ne dicter que des ordres.

C'est donc par l'étude que l'expérience s'acquiert comme les autres sciences , et certes avec l'envie extrême, avec cette soif d'apprendre qui distingue les jeunes hommes, avant quarante - trois ans et demi ils auront acquis de l'instruction ou perdu l'espoir d'en posséder jamais. Aux Ecoles de Droit, de Médecine ; aux écoles militaires , à l'Ecole Polytechnique, il est rare de trouver encore des élèves au-delà de vingt-deux ans : il reste donc encore huit années pour compléter par la réflexion ces études, que nos pères auraient probablement trouvées suffisantes. Ces huit ans , s'ils ne donnent pas de nouvelles connaissances, servent à comparer celles qu'on possède, et , par cette comparaison , à conduire à une expérience prématurée , pleine de vie, de souvenirs et de cette énergie qui inspire les nobles et grandes pensées. Un tableau de l'âge des hommes qui se sont rendus célèbres dans la politique, offrirait des rapprochemens curieux : cette statistique législative conduirait à une donnée pour la solution de notre problème, et , en la combinant avec l'état des sociétés telles que les constituent les lumières modernes, on arriverait à des résultats qui étonneraient sans doute plus d'un publiciste.

Mais nous n'avons pas besoin d'un travail aussi important pour montrer que la France est le seul pays dans le-

______
(1) M. de Vatimesnil était ministre avant quarante ans.

quel, au-delà de quarante ans pour les Députés et de trente pour les électeurs, les habitans soient réduits, dans le dix-neuvième siècle, à un pareil ilotisme. Les exemples se présentent en foule, et si c'est avec raison qu'on nous accuse d'être la nation qui sait le moins consulter le passé, profitons au moins, puisqu'elle est sous nos yeux, de la leçon qu'il nous donne et restituons leurs droits aux hommes qu'il nous montre aptes à défendre les nôtres, avec autant de sagesse que de lumières. La barrière des quarante ans, que Louis XVIII jugeait *rapprochable*, ne subsiste en effet que pour la députation. A vingt-quatre ans, un prêtre est ordonné : l'émancipation religieuse précède de seize années l'émancipation politique ; cependant le sacerdoce dont le prêtre est revêtu doit être plus difficile que celui de nos mandataires, puisqu'il y a toute la différence de ce monde à l'autre, de quelques années à l'éternité, et que tout ce que nos Députés lient sur la terre ne sera certainement pas lié dans le ciel. Un conseiller d'Etat peut n'avoir que trente ans ; il est assez curieux qu'il lui soit interdit de discuter à la tribune une loi qu'il a présentée, rédigée lui-même, à moins que la puissance royale, pour son propre compte, ne le relève de son âge ; c'est ainsi que la France sera privée de ses jeunes lumières, dans une discussion qu'il aurait dirigée par *son expérience*, tandis que la loi peut être soumise à tout homme de quarante ans, pourvu qu'il paie mille francs d'impôts ; condition sans doute plus rassurante que le mérite qui siège auprès du trône. Le fils d'un Pair, cela arrivera quelquefois, héritier de la magistrature paternelle, mais non des talens qui l'obtinrent, aura laissé à un frère cadet l'ennui des études : il pourra néanmoins discuter à vingt-cinq ans, et pèsera à trente sur la balance politique du même poids que l'homme le plus instruit, et son jeune frère devra attendre sa quarantième année, avant de pouvoir pénétrer dans une carrière que sa supériorité lui désigne depuis si long-temps. Puisque son émancipation politique tient à la vie d'un frère, dont la mort peut tous les jours lui ouvrir la chambre héréditaire, il est supposé posséder assez de connaissances et d'expérience pour être prêt à recueillir cet héritage parlementaire ; n'est-il donc pas absurde de le priver quinze ans d'une faculté qui peut, à tous les instans, devenir un droit? Et les jeunes Français qui n'ont d'espérances qu'en eux-mêmes, de titres que leurs talens, de foi qu'en leur fortune, ne sont-ils pas obligés, par éloignement, de travailler, d'acquérir plus encore; plus leur voyage est long, plus il leur faut de provisions et de ressources. Voilà peut-être la raison qui rendra supérieure en lumières la Chambre élective à la Chambre héréditaire; mais il ne faut pas que l'accès de celle-là soit aussi difficile, aussi décourageant, et l'avantage des jeunes Pairs est assez grand pour ne pas leur reconnaître le privilège de l'instruction et de l'expérience. En Angleterre, il n'en est pas ainsi; le gouvernement est trop éclairé, il sent trop le prix du temps et des lumières des jeunes hommes; il juge leurs moyens et ne compte pas leurs années. La Chambre des communes est l'enseignement de la Chambre des Pairs, et la défense des droits du peuple est le souvenir qui tempère les exigences de l'aristocratie. Les lords qui ont des *bourgs pourris* s'empressent d'élire leurs fils, qui ont été préparés d'avance : leurs études ont été dirigées vers les sciences publiques et les connaissances parlementaires, indispensables dans un pays où elles décident du sort de l'État et de la fortune des individus : leurs succès dans les communes sont le gage qu'ils ne jouiront pas stérilement de la magistrature héréditaire. Ceux qui ne sont pas destinés à recueillir ce brillant héritage, n'en arrivent pas moins aux sommités de l'administration ; la prééminence du talent assure la prééminence du pouvoir. Aussi le plus habile est ordinairement celui qui dirige, malgré l'exemple, qui ne durera pas, du contraire que le cabinet anglais nous offre en ce moment : les passions se taisent, les affections particulières sont oubliées dès qu'il s'agit d'un choix aussi important pour tous. Ecartant une inimitié personnelle très prononcée devant l'intérêt public, Georges IV nomma l'illustre Canning son premier ministre. Après la majorité légale, on ne regarde l'extrait de baptême de personne dans ce pays, notre devancier et rarement notre exemple dans le système représentatif. Le mérite, quel que soit son âge, peut frapper à toutes les portes; les cheveux blancs ne sont une condition pour en ouvrir aucune. Le fameux comte d'Oxford était membre du Parlement à vingt-neuf ans, et le présidait peu d'années après ; à vingt-sept ans, le comte de Chatam attaquait Robert Walpole , et au bout de sept , le fit tomber; son fils, ce Pitt que tua le canon d'Austerlitz, était à la tribune à vingt-deux ans, à vingt-trois chancelier de l'échiquier, à vingt-quatre premier ministre; et son rival , cet illustre Fox, l'ami de la France, n'avait pas encore vingt ans lorsque le bourg de Midhurst lui confia ses intérêts; le comité d'enquête ne fit pas attention à cette circonstance. Foudroyant le ministère par ces éloquentes paroles , qui renfermaient les destinées d'un monde : *Alexandre-le-Grand n'a pas conquis autant de pays que lord North aura le talent d'en perdre en une seule campagne*; deux ans après, soutenu par Sheridan, son ami et son jeune émule, Fox était ministre des affaires étrangères (1).

Enfin on pourrait citer partout l'exemple d'hommes arrivés jeunes au pouvoir ; de tous les pays, la France est encore celui où *les conditions d'éligibilité sont le plus restreintes*. Pendant la révolution, les hommes qui brillèrent successivement à la tribune étaient jeunes ; Mirabeau avait à peine quarante ans; Barnave n'en avait que vingt-huit ; MM. de Lameth étaient fort jeunes ; Vergnaux, ce Vergnaux qui *rallumait dans ses mains les foudres de Mirabeau*, allait avoir trente ans , et le célèbre Cazalès n'en avait que trente-sept. Il en est une foule d'autres, qu'il serait trop long de citer, qui étaient loin du terme fatal qui existe encore, malgré *le vœu bien connu de la nation*. Mais parmi les illustrations qu'a produites la révolution dans les lettres, les sciences, les arts, la guerre surtout, combien d'hommes étaient parvenus au faîte de la gloire avant cet âge ! combien avaient occupé les postes les plus importans, rempli les missions les plus difficiles, gouverné même des royaumes ! Cependant ils n'avaient pas cette expérience de quarante ans, insurmontable barrière de toutes les notabilités modernes. Ouvrez les listes du Sénat, des Ministres, des Corps législatifs, des sommités administratives et judiciaires; souvenez-vous de ces maréchaux d'Empire qui ont vaincu l'Europe , de ces généraux prêts à saisir le bâton du commandement, qui tenaient la

_____________

(1) *Hist. d'Angleterre.*

plume du diplomate comme l'épée du guerrier ; demandez à cette Constantinople, aujourd'hui menacée par un ennemi puissant, ce qu'il fallut de jours à notre jeune ambassadeur (1) pour la défendre contre un ennemi plus puissant encore, qui lui apportait, dans son port même, un incendie prêt à s'élancer sur elle. Qu'aurait fait de plus l'expérience la plus consommée ? Aurait-elle fait autant, aurait-elle trouvé assez d'audace pour lutter seule contre une flotte anglaise, contre un Divan découragé, contre l'ordre que la frayeur envoya et pour sauver son Empire malgré le Sultan lui-même ? Croyez-vous qu'arrivant à l'armée d'Italie, l'homme dont la jeunesse fut quelques jours la risée du camp ennemi, n'avait pas autant d'expérience que Wurmser, trois fois aussi âgé que lui ? Ne vous souvient-il plus, vous qui repoussez si sévèrement la jeunesse, que Louis XIV fut mis à deux doigts de sa perte par le prince Eugène, pour avoir refusé un régiment au jeune abbé de Savoie ?..... L'expérience ne s'acquiert pas seulement par l'âge : tel homme parviendrait à mille ans, qu'il n'aurait que des années de plus, et la trace de ces années, sillonnée sur son visage comme s'il avait vécu pendant ce temps, ne prouverait rien qu'une inutile longévité.

Il y a des avantages inaperçus au premier abord, qui résulteraient de ce retour vers l'ordonnance modifiée de la sage prévoyance de Louis XVIII. Si l'âge de la députation était réduit à trente ans, il ne serait pas rare de voir, comme en Angleterre, le fils membre de la Chambre des Députés et le père de la Chambre Haute. Mandataire du peuple, lié par sa position à des intérêts que l'ignorance seule croit opposés, les rapports de ces intérêts seraient mieux compris, plus soigneusement étudiés par l'homme qui est, dans sa conscience, chargé des uns et, dans son intérêt, partisan des autres. L'exemple, comme la leçon du père, servirait à contenir le fils, s'il prenait trop chaudement à cœur des idées qui doivent trouver leur premier appui dans la justice et la modération ; l'opposition du fils, sa part dans *le progrès toujours croissant des lumières* tempéreraient les vues peut-être ennemies du père, et le foyer domestique entendrait également la leçon de l'âge

(1) Le général Sébastiani.

mûr et l'excitation de la jeunesse, les doctrines que la civilisation est prête à dépouiller et celles dont elle va se revêtir. Rentrés dans le sanctuaire des lois, le fils ranimerait, par la voix de son père, des ames qu'affaiblit une inévitable vieillesse; et le père, toujours présent dans les discours du fils, ferait entendre les conseils de la sagesse à des hommes faits pour les comprendre et les suivre. La couronne, dont l'intérêt résulte des intérêts des peuples, aurait l'avantage entier de cette nouvelle pondération du pouvoir et des opinions. Elle ne serait pas effrayée de la résistance d'une Chambre dont les membres sont destinés à devenir eux-mêmes *portion de la royauté* (1) : l'aristocratie des pères serait le garant de la démocratie des fils; et la France, déjà en connaissance avec ses Pairs, verrait sans peine le seul droit de la naissance conduire à la Chambre héréditaire les hommes qu'elle a aussi jugés dignes de la représenter.

Avec une Chambre dans laquelle il y aurait des hommes jeunes, l'amour du pouvoir, la convoitise des porte-feuilles ne seraient plus une frénésie. L'exemple des jeunes entraînerait ceux qui, déjà désabusés, ne sont plus remués par certains mots, par certains sons harmonieux, et qui ne sont nullement consolés de n'avoir pas réussi dans le monde, par toute cette poésie que l'on appelle la conscience, le dévouement, l'enthousiasme (2). Les hommes jeunes, soumis encore à la noble influence de ces sentimens, se trouveront pour la plupart assez payés par la gloire d'être utiles à leur pays. La popularité qui les entourera de son auréole, est une récompense immense, mais indéterminée, mais indéfinissable, et telle, qu'une grace du pouvoir la fait ordinairement disparaître, puisqu'elle ôte à son éclat cette incertitude si précieuse dans les choses d'imagination, et son prix tombe justement parce qu'on l'évalue. Si un jeune député obtient un ministère, cette popularité ne reçoit les actes qui lui conviennent que comme une dette, comme l'hommage aux principes qui ont conquis le pouvoir; tandis que la moindre mesure qui contrarie des exigences toujours nouvelles, est considérée

(1) M. de Bonald.
(2) Madame de Staël.

comme une félonie. Le Ministre fait oublier le Député ; la popularité se retire, l'ingratitude et l'abandon lui succèdent, et le Ministre tombe parce qu'il est privé des appuis qui faisaient la solidité de son élévation : il demeure avec sa conscience, impuissante consolation de l'ambitieux, vain et inutile témoignage d'intentions droites, de vues sages et de talens méconnus. Si un jeune Député se laisse déporter dans la Chambre des Pairs, toute la grandeur, jusque là indéterminée, de sa popularité, se définit ; tout ce qu'elle a de réel vient se confondre avec des grandeurs qui sont, depuis long-temps, en possession de la première place (1), et peu disposées à la quitter sans combat. Avant d'avoir reconnu le nouveau champ de bataille, avant d'être préparé à l'action, les idées marchent, de nouvelles renommées occupent les esprits, de nouvelles affaires les entraînent et le nouveau Pair, oublié sur l'ancien théâtre de ses triomphes, a subi l'ostracisme.

Si l'âge de la députation était réduit à trente ans, non-seulement la Chambre, mais encore toute la France ressentirait cette amélioration. Ce serait une immense impulsion donnée à l'amour de l'étude, à la pratique des vertus, à la recherche de la considération publique. Au lieu de consumer le temps, démesurément long entre la fin des études ordinaires et le commencement d'un avenir politique, à d'inutiles travaux ou à de frivoles plaisirs, les hommes jeunes, à qui leur fortune et leur position indépendante permettent de le faire, se livreraient avec ardeur à se préparer, par l'étude, les moyens de siéger dignement à la Chambre et, par la régularité de leur conduite et l'invariabilité de leurs principes, de solliciter avec succès les suffrages de leurs concitoyens. Plus les candidats seraient dignes, plus les choix seraient honorables pour les électeurs et pour les élus. Ce serait pour tous un encouragement au bien, dont le germe n'est souvent détruit que par la lassitude de l'espérance : les mœurs seraient plus graves, plus pures, plus respectées. Le vieillard, étonné de ce changement dans des habitudes que sa mémoire lui rappelle différentes, réfléchirait peut-être à son injustice envers un Gouvernement qui, pour produire

_______________

(1) De Lolme, *Constitution d'Angleterre.*

ces résultats, doit être bon quoiqu'il n'existât pas de son temps. C'est ainsi que la nouveauté de la manière d'être des hommes jeunes, conduirait à examiner de plus près des doctrines jugées révolutionnaires par l'obstination du temps passé; cet examen leur donnerait inévitablement des partisans, puisqu'elles ne reposent que sur les lumières mêmes, et qu'en acquérir c'est leur rendre hommage. Les doctrines constitutionnelles n'auront en effet d'ennemis que les ignorans ou les fanatiques; les mouvemens politiques de plusieurs Etats de l'Europe en sont la preuve. La révolution française fut faite par la partie moyenne de la nation, qui possédait, comme nous l'avons vu, depuis le commencement de la Monarchie, la plus grande masse des lumières : mais il n'en a pas été de même en Piémont, en Italie, en Espagne et en Portugal; la noblesse était plus instruite que le peuple. Celui-ci, retenu dans l'ignorance par des moines qui y trouvent le profit de leur cupidité et de leur orgueil, s'était refusé à toute espèce d'instruction; le fanatisme, un pain grossier et le soleil lui suffirent. Aussi les doctrines constitutionnelles appelées par un ordre qu'en France on leur suppose toujours ennemi, ne purent s'établir dans le peuple, et il devint, pour quelque temps encore, l'aveugle soutien des hommes qu'il a le plus d'intérêt à combattre. Mais cette répugnance, à rebours des lois de la plus simple raison, ne peut durer, et nous ne sommes pas éloignés du temps où le bienfait des Gouvernemens libres sera accordé et accepté avec un égal empressement et une égale reconnaissance. Car s'il assure le bonheur des peuples, il affermit les couronnes ; c'est un contrat à la vie et à la mort entre les Rois et leurs sujets.

Enfin, le dernier argument des hommes qui, sous la vaine terreur de la fougue et de l'expérience de la jeunesse, cachent leur haine pour nos institutions, est que les discussions orageuses changeraient quelquefois les parvis de la Chambre en sanglantes arènes ou la tribune en tocsin de discordes civiles. Mais si les faits ont prouvé le contraire, si dans les assemblées délibérantes, jamais les plus jeunes n'ont provoqué le tumulte, cet argument convaincra bien moins aujourd'hui que les études, incomparablement plus sérieuses, calment cette *tête ardente* des jeunes hommes et ne lui laissent d'énergie que pour ce qui est bien , que pour ce qui convient à un grand peuple et son souverain. Mais sans remonter aux assemblées de l'antiquité ; sans invoquer les diètes de la Pologne où l'exemple d'enlever les délibérations, le sabre au poing, ne fut pas ordinairement donné par les plus jeunes Palatins ; sans nous appuyer de la Chambre des communes anglaises, que nous avons vues gouvernées par une expérience de vingt-quatre ans ; nous pouvons trouver en France un fait qui répond à ces craintes chimériques. Nous ne le puiserons pas dans une révolution, dont le nom seul épouvanterait certaines susceptibilités , mais dans les fastes déjà oubliés des premières années de la restauration. Il y a eu une chambre à laquelle on put parvenir à vingt-cinq ans. Dans cette Chambre, si célèbre par ses violences, pas un seul Député qui eût moins de trente ans n'est parvenu, pas vingt qui en avaient moins de quarante (1) ; pas un homme jeune qui se soit fait remarquer par l'exagération de son zèle ou l'exaltation de ses idées , et pourtant quels temps , quels exemples ! ! !

Mais un motif qui doit rassurer les esprits sur les dangers imaginaires de modifier l'âge de l'éligibilité se trouve encore dans cette jalousie naturelle qui fera repousser, par la masse entière des vieillards, le candidat assez audacieux pour solliciter leurs voix , lorsqu'il n'a que trente années d'expérience à leur offrir. En vain chez un grand nombre trouve-t-on une raison éclairée, des lumières supérieures, un esprit au niveau des idées modernes ; un homme de trente ans sera toujours suspect, et quel que soit son mérite , une arrière-pensée affaiblira sans cesse la justice qu'ils seront obligés de lui rendre : cela est inévitable , cela est dans la nature; et le paradoxe d'Helvétius peut au moins s'appliquer aux successeurs politiques. En effet, les vieillards élisant un vieillard, se montrent encore, sont encore utiles ; il franchissent la terrible ligne des générations, ils font preuve de vie , ils prennent acte de leur existence; mais donnant leurs suffrages à un homme jeune, ils semblent, pour ainsi dire, se dépouiller de leurs droits, se mettre en dehors des affaires de ce monde, se réduire à la

_______________

(1) Il en avait été de même à la Chambre des représentans en 1815.

nullité, signer leur testament politique : tout peut donc aller sans eux ! C'est une idée désolante : c'est plus, c'est pis; c'est une mort réelle !

De plus, les vieillards ont vu la révolution ; plusieurs en ont été victimes, et ceux à qui elle a profité pour leur for tune ou leur position sociale, crient contre elle plus encore que les premiers, croyant faire excuser cette fortune et oublier ce qu'ils étaient; en sorte qu'il est rare de trouver un homme âgé qui ne prédise le retour de scènes sanglantes, lorsqu'une proposition est essayée dans le sens des idées nouvelles, ou que, ne pouvant le suivre, il voit en tremblant son fils s'élancer avec le siècle, et écouter impatiemment des conseils qui n'ont plus ni motif, ni but, ni prévoyance. Ce n'est pas dans cette agitation de craintes chimériques qu'il faudrait proposer un candidat dont les trente ans sont, aux yeux fascinés de pareils hommes, un indice certain du retour de nos calamités. *La leçon de l'expérience* est la leçon de la restauration qu'ils ont la première oubliée. Ils s'imaginent que parce que la jeunesse ne l'a pas vue, elle ignore la révolution, et que n'ayant pas assisté à l'émeute du 6 octobre, combattu à Weissembourg, tremblé sous la hache de Robespierre, ou vaincu sous Napoléon, elle est incapable de plaindre l'infortuné Louis XVI, de gémir de la faute et des malheurs des émigrés, nos pères ou nos parens, d'abhorrer l'infame tyrannie de Robespierre, et d'envier la gloire de la Grande Armée! Non, non, c'est le cœur palpitant de ces tristes et grands souvenirs, que les hommes jeunes frappent à la porte de la représentation nationale, et s'ils ne les ont pas vues ces immenses catastrophes, ils prouveront que leur sagesse et leur patriotisme sauraient en prévenir le retour ou en partager les triomphes.

Enfin une raison plus convaincante que toutes celles que nous avons données, puisqu'elle est mathématique, et qu'il faut toute cette évidence pour convaincre certains esprits; cette nouvelle raison, dis-je, est le petit nombre d'éligibles à trente ans, et enfin la probabilité d'être élu qu'aurait un jeune candidat. A trente ans, peu d'hommes jouissent de la totalité de leur fortune, et il en faut une grande, surtout dans les provinces méridionales, pour payer mille francs d'impôts. Cette simple observation nous fait entrevoir déjà que le nombre d'éligibles qu'ajouterait l'adjonction des électeurs de trente à quarante ans qui paient mille francs, ne serait pas très-considérable. Parmi ces nouveaux éligibles, combien n'y en a-t-il pas qui, payant mille francs par *les fictions* de la loi, ne consentiraient pas, ne pourraient pas consentir à quitter leurs affaires, pour accepter une mission, la plus flatteuse sans doute, mais dispendieuse et incompatible avec les premiers soins de la famille? A trente ans, un homme, à moins d'être d'un mérite transcendant, n'est pas ordinairement connu; s'il a eu le temps de s'instruire, il n'a pas eu celui de se faire des partisans, des soutiens; son mérite est soupçonné, estimé de la famille, apprécié par quelques amis, mais il n'est pas public; cet homme jeune n'est que l'espérance de ses compatriotes, il n'en est pas encore la gloire, et s'ils se promettent de lui donner un jour leurs suffrages, ils calculent qu'il a le temps de les attendre; comme si l'on pouvait trop tôt employer des talens reconnus utiles. Mais il est dans la nature de la plupart des hommes de ne jamais faire le bien qu'après l'avoir aperçu maintes fois; et combien de préjugés s'attacheront encore long-temps à la candidature d'un jeune éligible! Voilà donc encore écartée une grande portion de ces éligibles. Enfin dans ceux à qui leur fortune ou leurs occupations permettraient de se mettre sur les rangs, combien y en a-t-il dignes de fixer les regards de leurs concitoyens? Jetons les yeux sur les listes électorales; sans doute les noms honorables s'y présentent en foule, mais cela ne suffit pas aux exigences naturelles des électeurs et aux besoins de la France, qui enfin a le droit de choisir elle-même. La nature, avare de ses dons, n'a accordé qu'à une petite portion d'hommes une tête capable de calculs compliqués de la législation; et, aux qualités que nous demandons chez nos mandataires, combien de candidats sont-ils dignes de le devenir?

Enfin établissons les chances probables de l'élection des jeunes éligibles. Le petit nombre d'entre eux qui réussiront, tranquillisera les amis des Députés, *dont l'âge assure la sagesse*, et ne découragera cependant pas les nouveaux candidats. Les espérances comme les succès de ceux-ci, augmenteront chaque année par le secours d'une généra-

tion qui naît au gouvernement représentatif, en leur ame-
nant des rivaux et des soutiens, et par l'abandon d'une
génération qui descend dans la tombe, emportant des dé-
tracteurs et des ennemis. Supposons qu'il y ait en France
cent mille électeurs; nous avons des raisons de croire
que ce nombre dépasse de beaucoup la réalité; néanmoins
admettons-le. Le nombre d'électeurs payant mille francs
et au-dessus, d'après les chiffres qui sont à peu près exacts,
ne sera que de dix-huit mille, et les électeurs compris
entre trente et quarante ans, ou *les jeunes éligibles*, ne
seraient que deux mille deux cent cinquante, c'est-à-dire,
avec *les anciens éligibles*, dans le rapport d'un à sept. Si
donc nous admettons que les jeunes éligibles aient dans
les collèges électoraux autant de voix que les anciens, ce
qui est évidemment une hypothèse trop favorable d'après
toutes les raisons que nous avons données, il en résulte-
rait qu'à la Chambre il ne parviendrait qu'environ soixante
*jeunes Députés*. S'il y en arrivait davantage, c'est qu'une
partie des anciens électeurs partagerait les idées de la jeune
génération, et s'ils étaient en majorité, c'est que la France
électorale prouverait qu'elle adopte *le vœu de la nation bien
connu* de Louis XVIII, et qu'elle veut suivre *le progrès
toujours croissant des lumières*. Mais ce petit nombre ne
doit pas faire croire que le changement de l'article 38 de
la Charte, c'est-à-dire le retour vers les promesses de
Louis XVIII, serait infructueux. Nous avons vu ce que
pouvaient dix-sept mandataires courageux, dix-sept
hommes fidèles à leurs principes. Ils ont lutté contre une
Chambre au sein de laquelle trois cents voix étaient soumises aux ministres envers et contre toutes nos libertés;
elles obéissaient avec une discipline dont l'histoire parlementaire n'offre pas d'exemple. L'on ne sait si l'on doit
gémir davantage de la corruption qui nous conserva si
long-temps ce honteux ministère, que se glorifier d'une
lutte où une poignée d'hommes ne désespérèrent pas de
sauver la France, et déployèrent une énergie, des talens,
un caractère, tels que leur gloire ennoblira cette page de
nos annales.

Les soixante jeunes Députés représenteraient *le progrès
toujours croissant des lumières*. Unis d'intérêts et de principes avec les hommes chez qui l'âge n'a ni exclu le besoin

d'apprendre, ni glacé l'amour sacré de la patrie, ils apporteraient dans leurs travaux et l'ardeur de leur âge, et le besoin impérieux de répondre à leurs mandataires et de justifier leur confiance. Ils auraient encore, et sauraient remplir un autre devoir, celui de calmer les inquiétudes de leur venue à la Chambre, de prouver leur sagesse, de faire excuser, en quelque sorte, leur triomphe à de vieilles jalousies, à l'obstination de l'ignorance, et enfin leurs avantages aux hommes qui, semblables à ce savant assez incrédule pour demander, en preuve des nouvelles découvertes, *un bâton de calorique,* s'efforcent de résister à l'évidence, qui les dépouille, il est vrai, mais de préjugés. Cette tâche ne serait que momentanée; renforcés bientôt par les élections successives, entourés de collègues plus jeunes, dont ils recevraient de nouvelles inspirations, ils sauraient se tenir au niveau de l'opinion publique. S'ils étaient un jour dépassés en énergie, ils ne le seraient jamais en désir d'apprendre, ni en dévouement aux libertés publiques et à la monarchie. La bien-venue des nouveaux élus serait l'occasion et le moyen de renouveler une partie du bagage politique, et de remplacer des souvenirs par des espérances. La France, par ces élections, parlerait encore aux Députés dont la mission n'est pas finie. Au lieu de cette triste moyenne de cinquante-sept ans pour la vie des Députés, la Chambre se perpétuerait jeune, par son attention à écouter et à suivre la voix de l'opinion publique; l'âge ne se compterait plus chez les Députés que par l'ancienneté des services rendus; ils seraient tous contemporains. La couronne et la France, inséparables dans leurs besoins comme dans nos vœux, dans leurs espérances comme dans nos affections, seraient plus unies encore, puisque leurs rapports auraient plus de force, plus d'énergie, plus de durée; elles reposeraient sur un plus grand nombre de générations intéressées à la prospérité de l'État, par leurs besoins et leur gloire. La jeunesse, flattée d'une confiance dont, seule, elle est encore privée, ne promènerait plus un œil jaloux sur les gouvernemens libres de l'Europe et de l'Amérique; participant au gouvernement, admise à la confection des lois, élevée à la confiance nationale, son âge ne serait plus pour elle un argument contre la patrie; elle ne serait plus humiliée d'une défiance qu'elle a raison de trouver injuste. Certaine d'obtenir, par des études pénibles, l'honneur de les employer à la prospérité commune, ses travaux ne seraient plus une tâche souvent inutile, et la gloire, idole des jeunes ans, la récompenserait seule de tous les sacrifices.

# CHAPITRE IV.

### DE QUELQUES OBJECTIONS. — CONCLUSION.

Il n'est pas difficile de prévoir les objections ou plutôt les accusations qui vont accueillir cette demande de modifications à nos lois et à notre code constitutionnel. Le parti expirant du dernier ministère doit en effet se révolter contre la barrière qui s'élèverait, à jamais insurmontable à ses prétentions et aux espérances qu'il s'efforce encore de retenir. La Charte ne pouvait être changée que lorsqu'elle l'était à son profit. Née pour satisfaire quelques hommes, la septennalité, seule, est utile, tandis que la demande de tout un peuple est factieuse et criminelle. En vain un roi, dont notre auguste Monarque *se plaît à continuer le règne*, a proclamé *le vœu bien connu de la nation ;* cette parole royale, la promesse qu'elle renferme, doivent être ensevelies dans l'oubli et pardonnées, comme l'erreur qui nous donna la Charte. La civilisation, puisqu'elle oppose à leurs prétentions la lumière qui en éclaire l'injustice, doit être arrêtée ; cette Chambre des Députés, dont les discours tiennent la France attentive et les ministres attachés à la ligne de leurs devoirs, est assez embarrassante pour qu'on n'augmente pas sa popularité et son pouvoir, par l'introduction de jeunes hommes, plus jaloux encore de leurs droits et de leurs doctrines. Une pareille *concession* serait, diront-ils, le dépouillement de l'autorité souveraine, dejà accusée d'en avoir trop accordé. Comme si la couronne ignorait que son plus ferme appui repose sur les

hommes qui, appréciant les élémens du gouvernement
représentatif, trouveraient dans leurs lumières, s'ils ne
l'avaient pas dans leurs cœurs, la ferme résolution de ne
jamais séparer le trône et les sujets, les prérogatives du
Prince et les droits de la nation, les affections pour la
dynastie et leur culte pour la France. Mais rien n'arrête
les ennemis de nos institutions. Tantôt, ils essaient d'effrayer l'esprit du monarque par des soupçons et des com-
plots, qu'ils ont la criminelle impudence d'attribuer au système qu'ils attaquent, mais que viennent bientôt dissiper
les bénédictions de l'Alsace elle-même ; tantôt, se couvrant
du masque d'un zèle religieux, ils tentent de le séduire par
le tableau de l'irréligion : mais le Roi a vu ses sujets au
pied des autels, il a vu partout la religion honorée et les
ministres du culte respectés ; tantôt c'est par la flatterie
qu'ils espèrent ébranler un Roi, qui ne demande que la
vérité, oubliant que, suivant Massillon (1), l'on aurait
dû établir la même peine pour l'adulation que pour la révolte ; tantôt la réunion de la France électorale leur inspire d'hypocrites alarmes pour la sûreté du Prince ; mais
le Prince se souvient que ses sujets, exaspérés par un
ministère odieux, ne s'insurgèrent que par leurs votes,
et envoyèrent au trône les séditieux qui font en ce moment
son plus solide appui ; enfin tous les moyens de jeter de
l'odieux sur notre système progressif de gouvernement,
sont employés par ces hommes qu'il repousse et qui, dé-
bris d'un ministère proscrit et d'une congrégation expi-
rante (2), tâchent de nous frapper encore en tombant. Ils
se plaisent à représenter la France comme ennemie du
Prince, avec lequel elle vient de s'entendre d'une manière
si noble et si énergique ; mais ils ne lâchent pas prise pour
un aussi solennel démenti. Aujourd'hui la destitution de
quelques hommes les fait encore crier *à la concession*,
comme s'ils prétendaient que le ministère pût gouverner
à l'inverse de M. de Villèle, réparer le mal qu'il a fait,
cicatriser les plaies qu'il a ouvertes, avec les mêmes instrumens qu'il employa si long-temps et qu'il a façonnés à son
image. Puisse seulement notre ministère ne pas se repen-

(1). *Petit Carême.*

(2) La *Gazette universelle de Lyon* a fait ses adieux, à son départ
pour Fribourg.

pentir un jour de n'en avoir pas brisé un plus grand nombre !

Mais les cris *à la concession* seront bien plus furieux encore, lorsqu'au lieu de quelques hommes, éphémères obstacles au bien public, se sera sur les institutions même, sur les lois, sur les ordonnances, qu'il faudra porter le flambeau; la main réparatrice devra être ferme; elle aura à surmonter d'innombrables obstacles. Comme ces lois seront le dernier retranchement où se retireront les hommes que poursuit la civilisation, après les avoir si noblement vaincus, c'est là qu'ils se défendront à outrance, qu'ils brûleront leur dernière amorce, parce que leurs espérances, toujours soutenues par de coupables suggestions ou d'imprudentes consolations, si elles y sont ensevelies, le seront à jamais. Aussi vous entendez déjà ces hommes prédire la chute du ministère et annoncer une victoire qu'ils sont loin de juger possible; mais ils trompent, ils effraient, ils font des dupes dont ils espèrent faire des partisans; c'est toujours un succès pour le génie du mal qui les domine. Ils se préparent ainsi à la lutte que va ouvrir la prochaine session des Chambres : ce sont les prières d'invocation de nos ennemis.

Tant que ces ordonnances sur les préfets et le Conseil d'Etat n'avaient pas paru, la congrégation, comptant sur la mollesse avec laquelle son opposition à celles du 16 juin avait été réprimée, espérait ressaisir le pouvoir qu'elle a perdu à la fois et sur nous et sur notre religion trompée. Le ministère hésitait; elle était pressante pour le déterminer, pour l'entraîner avec elle; on sait ce qu'elle en aurait fait. Mais aujourd'hui, la position des ministres a changé : si le coup de canon qui assure leur pavillon a faiblement retenti, au moins il a été entendu, surtout de leurs ennemis : il a enlevé leur dernière espérance et déchaîné toutes leurs passions. Aussi, pour se défendre, le ministère doit de plus en plus invoquer les principes constitutionnels, et ne marcher qu'avec eux et par eux; il doit s'entourer des hommes éclairés qui aident au progrès de la civilisation, et qui ont toujours combattu pour les principes d'un gouvernement qu'ils ont adopté dans leurs croyances politiques comme dans leurs affections royalistes. La destitution de quelques hommes n'est rien : c'est par les principes qu'il doit signaler sa marche, et le premier qu'il doit féconder lui est indiqué par l'ordonnance du 13 juillet 1815. C'est la jeunesse, en effet, qui représente à elle seule tout ce qui peut sauver le ministère d'un naufrage et assurer sa durée. Elle est la force comme le bras de la nation ; elle est sage, parce qu'elle est instruite ; elle est prudente, parce qu'elle sent sa puissance. Voyez sa conduite, comme elle est la satire de la conduite d'hommes qui sont devenus d'autant plus rigoristes qu'ils ont été plus désordonnés ; voyez ses écrits, comme ils respirent la sagesse, la raison, la modération, vertus inconnues autrefois à son âge ; c'est dans la fange des médiocrités qu'il faut descendre, pour trouver quelques productions obscures, où l'on offense encore la pudeur et la Divinité. Les orgies du régent et des roués, les désordres de Louis XV, n'inspirent ni l'envie ni le regret ; ils n'ont droit qu'à l'oubli. Notre littérature, dit un savant (1), s'avance dans les bornes des mœurs et sous les auspices des convenances religieuses. On ne trouverait plus de lecteurs pour les Laurent, les Louvet, les de Sade, les Laclos, tous écrivains chéris de ce dix-huitième siècle que l'injustice peut, seule, mettre audessus du nôtre.

Aujourd'hui, la jeunesse, mesurée dans ses plaisirs comme dans ses jugemens, n'adopte rien avec inconséquence et n'espère rien sans réflexion. Elle veut d'abord connaître ; elle se sent les moyens d'éclaircir ses doutes et de baser ses devoirs sur ses connaissances. Aussi, enthousiaste du gouvernement représentatif, elle l'a défendu avec courage contre d'antiques inimitiés ; elle le soutiendra aujourd'hui avec persévérance ; et sans se laisser plus décourager par ses succès, qu'elle ne l'a été par ses revers, elle continuera son active surveillance et ne refusera jamais son secours à aucune de nos libertés. Les lois rétrogrades, que nous avons subies depuis quinze ans, et que nous pouvons nommer, suivant une expression de Blackstone, *un tas énorme de trahisons absurdes et inouïes*, ont plus que soldé le compte de la jeunesse avec les antiques idées ; il est temps d'en venir à une législation dégagée de préjugés et conforme au siècle. Ce sont les hommes jeunes qu'il faut

(1) M. Dupin.

appeler à ce grand œuvre, pour de nouvelles créations, on se sent de nouveaux matériaux. Un emploi sage, une prudente économie, n'effraieront personne, et l'édifice constitutionnel sera au-dessus des outrages du temps et des hommes : il sera toujours contemporain des générations futures, il aura toujours le même âge que les hommes qui le conduiront.

Enfin, las d'attaquer les Ministres par les cris *à la concession*, c'est la masse entière de la France que les ennemis de nos institutions poursuivront de leurs clameurs. Vous le voyez, s'écrieront-ils ; cette Charte qu'ils proclamaient sacrée, inviolable, voilà qu'ils la détruisent ; dès qu'ils en ont les moyens ; aujourd'hui, l'éligibilité à trente ans, demain une autre invasion démocratique ; la révolution n'est-elle pas imminente, les amis de la Monarchie ne doivent-ils pas frémir ?... Non, les vrais amis de la Monarchie applaudiront au contraire, et ceux-là sont les amis de la Monarchie qui veulent l'union encore plus intime, plus indissoluble de la Couronne et des sujets ; qui veulent la nation grande, riche, libre ; la Couronne forte, puissante, indépendante de la Ligue et de Rome, au-dessus de la tyrannie parce qu'elle sera nationale, et que l'affection repousse la servitude ; qui veulent également imposer des limites aux prérogatives du trône et aux envahissemens du peuple, afin qu'ils n'aient jamais à se combattre, et que leurs intérêts ne soient jamais froissés. Nous voulons ces grandes et belles vérités, qui doivent nous conduire et nous éclairer ; elles vivent dans la Grande-Bretagne ; elles éclairent l'Amérique ; elles seront nationalisées en France ; elles deviendront la foi, la religion, la morale de tous les peuples (1) ; nous voulons que les jeunes idées ne soient plus infestées de reproches, que nous ne méritons pas, et d'accusations, qui ne nous atteindront jamais ; nous voulons l'instruction pour tous, la justice sans entraves, et la religion sans théocratie. Des hommes, qui rêvent peut-être encore le pouvoir, en prennent les intérêts, comme le duc de Guise défendait le trône de Henri III. Ne pouvant vaincre, ils crient *tolle* sur les vainqueurs ; impuissans désormais à nous persé-

_____
(1) *Mémorial de Sainte-Hélène.*

cuter; ils crient au martyre : il n'y a pour eux que des victimes ou des bourreaux! Et tout ce bruit, parce qu'ils sont dépouillés du pouvoir. C'est l'histoire de la Ligue qui devient leur Charte, le bréviaire de leurs invocations, le code de leur conduite. Mais ce pouvoir, heureusement, passé dans d'autres mains, servira à un autre usage. Les saturnales *des Seizes* seraient repoussées avec horreur, et d'ailleurs Henri IV n'a plus besoin de conquérir Paris!

N'apercevions-nous un mal réel dans la Charte que pour trouver qu'il est sans remède? Non, quoi qu'en disent ces officieux et nouveaux défenseurs, dont le secours, s'il n'était dangereux, serait risible. Nous l'avons défendue avec ardeur; nous n'y voulions souffrir la moindre atteinte; c'est que nous voulions la conserver intacte, parce que les changemens opérés par les hommes que nous combattions, lui auraient donné la mort. Ils ne voulaient pas édifier, ils voulaient détruire; nous n'avons pu empêcher la brèche, mais nous y sommes accourus, et la résistance a sauvé la place et dispersé les assaillans. Aujourd'hui que le siège est levé, il faut réparer la brèche. La septennalité et le double vote ont été abandonnés par nos ennemis; le présent est trop funeste : nous n'en voulûmes jamais, et à plus forte raison aujourd'hui. Ce que nous voulons c'est consolider cette Charte, pour laquelle nous avons tremblé si long-temps, et pour cela lui donner tous les appuis que réclament *la leçon de l'expérience et le vœu bien connu de la nation*, et enfin les nouveaux besoins du trône qui nous comprend, et ces jeunes générations qui ont pu lui faire entendre la libre expression de leur amour, de leur reconnaissance et de leur espoir. Aujourd'hui la jeunesse connaît ses droits, mais aussi connaît ses devoirs. Elle sait à qui elle doit le maintien de ces précieuses libertés, qu'elle n'aura plus besoin de défendre; elle sait par qui la censure fut détruite; par qui ce monstre de la tyrannie ministérielle vient récemment d'être proscrit à jamais; elle sait par qui elle jouit de la liberté de la presse, dont les Princes n'ont rien à craindre quand le Gouvernement ne se met pas en opposition avec l'esprit public (1); elle sait à qui elle doit le retour de professeurs chéris, expulsés par un vanda-

(1) M. le comte Daru, *Hist. de Venise*.

lisme prêt à renouveler l'arrêt du Parlement de Paris
de 1621, qui défendait, sous peine de mort, de rien ensei-
gner de contraire à Aristote ; elle sait à qui elle doit l'existence de l'armée, de cette armée réconciliée avec la gloire,
qui applaudit à Andujar, vainquit au Trocadéro, et se
montre si prudente et si brave en Morée ; elle sait à qui
elle doit la chute d'un ministère, son ennemi le plus
acharné ; à qui toutes les garanties qui nous ont consolés et
qui doivent venir encore augmenter notre amour et notre
reconnaissance ; elle sait enfin, qu'appelé, avant quarante
ans sur le trône de Rome, par des guerriers qui voulaient
des lois, Numa congédia les trois cents *celeres* qui formaient
la garde de Romulus, et entre lui et son peuple, dont il
fut bientôt adoré, ne voulut point de hallebardes.....

BIBLIOTHEQUE ROYALE
I